LE MUSÉE DE PORTRAITS

DE PAUL JOVE

CONTRIBUTIONS POUR SERVIR À L'ICONOGRAPHIE DU MOYEN ÂGE

ET DE LA RENAISSANCE

PAR

M. EUGÈNE MÜNTZ

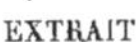

EXTRAIT

DES MÉMOIRES DE L'ACADÉMIE DES INSCRIPTIONS ET BELLES-LETTRES

TOME XXXVI, 2ᵉ PARTIE

PARIS

IMPRIMERIE NATIONALE

LIBRAIRIE C. KLINCKSIECK, RUE DE LILLE, 11

M DCCCC

TIRAGES À PART

AMÉLINEAU (É.). Notice des manuscrits coptes de la Bibliothèque nationale renfermant des textes bilingues du Nouveau Testament, avec six planches (1895)........... 4 fr. 70

BABIN (C.). Rapport sur les fouilles de M. Schliemann à Hissarlik (Troie), avec deux planches (1892).. 2 fr.

BARTHÉLEMY (A. DE). Note sur l'origine de la monnaie tournois (1896)......... 0 fr. 80

BERGER (Ph.) Mémoire sur la grande inscription dédicatoire et sur plusieurs autres inscriptions néo-puniques du temple d'Hator-Miskar à Maktar (1899)................... 4 fr.

BERGER (S.). Notice sur quelques textes latins inédits de l'Ancien Testament (1893). 1 fr. 70

— Un ancien texte latin des Actes des Apôtres, retrouvé dans un manuscrit provenant de Perpignan (1895)... 2 fr.

CUQ (Ed.). Le colonat partiaire dans l'Afrique romaine, d'après l'inscription d'Henchir Mettich (1897)... 3 fr.

DELISLE (L.). Notice sur un psautier latin-français du XIIe siècle (ms. latin 1670 des Nouvelles acquisitions de la Bibliothèque nationale), avec fac-similé (1891)........ 1 fr. 10

— Anciennes traductions françaises du traité de Pétrarque *sur les remèdes de l'une et l'autre fortune* (1891).. 1 fr. 40

— Notice sur la chronique d'un anonyme de Béthune du temps de Philippe Auguste (1891). 1 fr. 70

— Fragments inédits de l'histoire de Louis XI par Thomas Basin, tirés d'un manuscrit de Goettingue, avec trois planches (1893)... 2 fr. 60

— Notice sur les manuscrits originaux d'Adémar de Chabannes, avec six planches (1896). 6 fr. 50

— Notice sur la chronique d'un dominicain de Parme, avec fac-similé (1896)......... 2 fr.

— Notice sur un livre annoté par Pétrarque (ms. latin 2201 de la Bibliothèque nationale), avec deux planches (1896)... 1 fr. 70

— Notice sur les Sept psaumes allégorisés de Christine de Pisan (1896).......... 0 fr. 80

— Notice sur un manuscrit de l'église de Lyon du temps de Charlemagne, avec trois planches (1898)... 1 fr. 70

— Notice sur une *Summa dictaminis* jadis conservée à Beauvais (1898)........... 1 fr. 70

— Notice sur la Rhétorique de Cicéron, traduite par maître Jean d'Antioche, avec deux planches (1899).. 3 fr. 50

— Notice sur un registre des procès-verbaux de la Faculté de théologie de Paris, pendant les années 1505-1533 (1899)..................................... 3 fr. 80

DELOCHE (M.). Saint-Remy de Provence au moyen âge, avec deux cartes (1892).... 4 fr. 40

— De la signification des mots *pax* et *honor* sur les monnaies béarnaises et du *s* barré sur des jetons de souverains du Béarn (1893)....................................... 1 fr. 10

— Le port des anneaux dans l'antiquité et dans les premiers siècles du moyen âge (1896). 4 fr. 40

— Des indices de l'occupation par les Ligures de la région qui fut plus tard appelée *la Gaule* (1897)... 0 fr. 80

— *Pagi* et *Vicairies* du Limousin aux IXe, X[e] et XIe siècles, avec une carte (1899)..... 3 fr. 50

(*Voir la suite page 3.*)

LE MUSÉE DE PORTRAITS

DE PAUL JOVE

LE MUSÉE DE PORTRAITS

DE PAUL JOVE

CONTRIBUTIONS POUR SERVIR À L'ICONOGRAPHIE DU MOYEN ÂGE

ET DE LA RENAISSANCE

PAR

M. EUGÈNE MÜNTZ

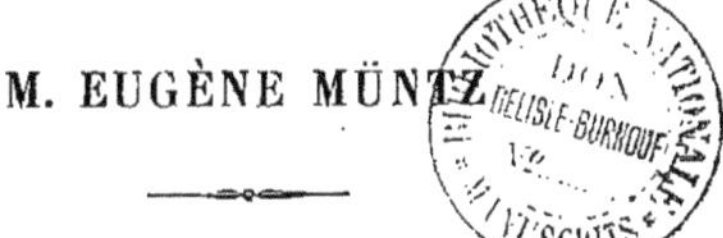

EXTRAIT

DES MÉMOIRES DE L'ACADÉMIE DES INSCRIPTIONS ET BELLES-LETTRES

TOME XXXVI, 2ᵉ PARTIE

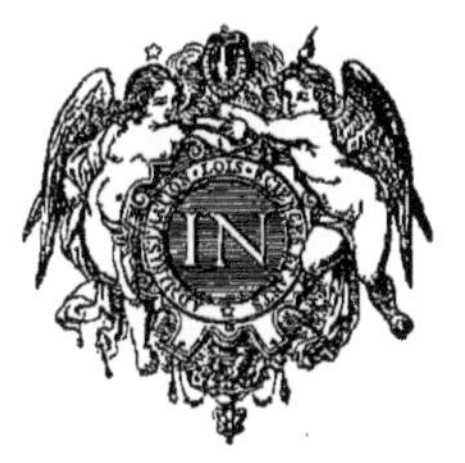

PARIS

IMPRIMERIE NATIONALE

LIBRAIRIE C. KLINCKSIECK, RUE DE LILLE, 11

M DCCCC

LE MUSÉE DE PORTRAITS

DE PAUL JOVE.

CONTRIBUTIONS POUR SERVIR À L'ICONOGRAPHIE DU MOYEN ÂGE
ET DE LA RENAISSANCE.

I

Les fêtes du Centenaire de la découverte de l'Amérique, en provoquant de nouvelles recherches sur l'iconographie de Christophe Colomb, ont, par contre-coup, ramené l'attention sur celui des portraits du grand navigateur qui a le plus de titres à l'authenticité : je veux parler de la peinture conservée dans la collection de Paul Jove, à la fois médecin, prélat, polygraphe, historien bien informé, latiniste élégant.

On a appris, par la même occasion, que les débris du « Musæum Jovianum » existent encore à Côme, entre les mains de la famille du fondateur.

Le moment n'est-il pas venu d'élucider l'histoire de cette série, la plus précieuse sans contredit qui eût été formée depuis la chute de l'Empire romain? Comment, devant les problèmes si multiples et si importants qu'elle soulève, n'a-t-on pas tenté de mener à fin une telle tâche[1] ?

[1] Je dois faire une exception pour l'important mémoire que M. Schmarsow a consacré au « Musæum Jovianum » dans son *Melozzo da Forli. Ein Beitrag zur Kunst und Kulturgeschichte Italiens im xv^m Jahrhandert* (Leipzig, 1886, p. 238-242, 373-375). Le savant pro-

Sans avoir la prétention d'épuiser la matière, je suis assuré d'apporter un certain nombre de solutions absolument définitives. Ce me sera une excuse suffisante pour avoir entrepris cette investigation.

Les sources que j'ai mises à contribution sont, tout d'abord, les déclarations mêmes de Paul Jove, dispersées dans ses *Elogia* [1], puis les témoignages de ses contemporains. Mais c'est principalement aux rapprochements entre les portraits de son musée et les documents graphiques dont ils procèdent, que je dois les éclaircissements les plus nombreux.

II

La formation d'une galerie de portraits d'hommes célèbres — souverains, grands écrivains, poètes, savants, artistes — fut, dès sa jeu-

fesseur de Leipzig s'y est efforcé de déterminer, en se fondant sur les gravures de l'édition de Bâle, les prototypes d'une série de portraits appartenant à Jove, et de démontrer, entre autres, que plusieurs d'entre eux se rattachent à des originaux de Melozzo da Forli (Numa Pompilius, Annibal, Romulus, Scipion, Totila, le cardinal Vitelleschi); je ne saurais, toutefois, sur ce point, partager sa manière de voir.

M. Charles Frey, de son côté, s'est occupé du « Musæum Jovianum » dans son volume *Il Codice Magliabechiano XVII*, 17, p. LXXI. Ici encore, j'ai le regret de me trouver en désaccord avec mon honorable confrère.

Depuis que mon travail a été lu pour la première fois devant l'Académie (22 novembre 1895), le mémoire consacré par M. le docteur F. Kenner à la collection de portraits de l'archiduc Ferdinand du Tyrol (*Jahrbuch der Kunsthistorischen Sammlungen des allerhöchsten Kaiserhanses*, 1897, p. 137 et suiv., 1898, p. 6 et suiv.) a apporté une riche moisson de faits nouveaux sur la collection même de P. Jove. Est-il nécessaire d'ajouter que M. Kenner, sans connaître ma communication de 1895, s'est rencontré avec moi pour un certain nombre de rapprochements ou d'identifications? Dans une partie antérieure de son mémoire (*Jahrbuch*, 1893, p. 37 et suiv.), M. Kenner ne s'était occupé qu'incidemment de la collection de Jove. C'est ainsi qu'il avait affirmé (p. 53) que celui-ci n'avait donné que peu de détails sur l'origine de sa collection, qu'il s'était borné à citer un original du Titien (le sultan Mahomet II?), les fresques du Campo Santo de Pise, de la villa Pandolfini et les peintures conservées dans plusieurs collections particulières (!). Nous verrons, au contraire, dans quelle large mesure le prélat collectionneur citait ses sources.

[1] Les éditions auxquelles se rapportent nos renvois sont, pour les *Elogia Virorum litteris illustrium*, celle de 1577, publiée à Bâle, chez Perna; pour les *Elogia Virorum bellica virtute illustrium*, celle publiée, la même année, chez le même éditeur.

Une autre édition des *Elogia Virorum bellica virtute illustrium* parut à Bâle, chez Perna, en 1596.

nesse, comme l'idée fixe de Jove. Il y mit une ardeur, une opiniâ-
treté, une libéralité sans pareilles.

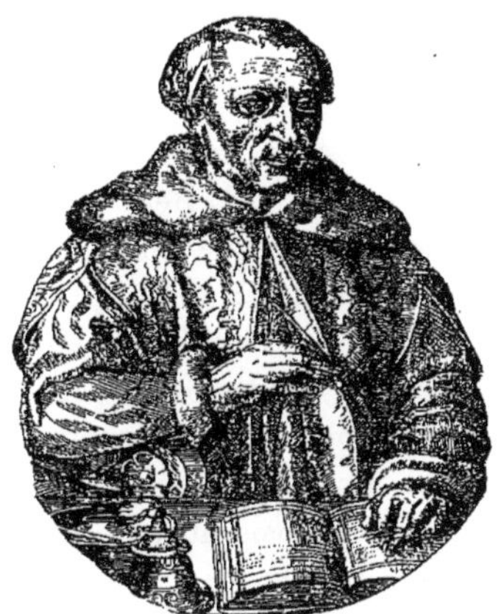

Portrait de Paul Jove, d'après la gravure de l'édition bâloise.

A quelles suggestions Jove obéit-il en entreprenant de former la
collection qui devait, un tiers de siècle durant, absorber le meilleur
de ses forces? Nul doute qu'il n'en conçût l'idée première au contact
de l'antiquité romaine. Varron n'en avait-il pas tracé le modèle dans
ses *Imagines* ou *Hebdomades*, contenant environ sept cents portraits de
célébrités grecques ou romaines, accompagnés chacun d'un éloge
en vers [1]!

Mais, plus près de lui, en Italie même, toute une série de collec-
tionneurs lui indiquaient la voie à suivre. L'idée de rechercher les
portraits historiques n'était pas nouvelle, en effet. Longtemps avant
Jove, des érudits ou des amateurs avaient pris à tâche d'en réunir
des choix plus ou moins riches.

Cette vogue des effigies, inconnue au moyen âge, si nous en excep-

[1] Ce rapprochement a été indiqué par M. Frey : *Il Codice Magliabechiano XVII*, p. LXV.

1.

tons les papes[1], prouve quelle gloriole s'était emparée des hommes du xve siècle : leur grande préoccupation était de léguer leurs traits à la postérité. Le réalisme y trouva un précieux auxiliaire, puisque l'art du portrait prit naissance et qu'il pénétra peu à peu tous les autres genres.

Les portraits des douze Césars, telles furent très certainement les premières effigies historiques que la Renaissance recherchât. Dès le xive siècle, comme on sait, Pétrarque réunit une petite collection de monnaies romaines, qu'il offrit, en 1354, à l'empereur Charles IV[2]. Bientôt les effigies impériales — en relief ou en peinture — ornèrent la plupart des hôtels de ville ou des palais particuliers, tant en Italie qu'en France, en Allemagne, en Angleterre (château de Hampton-Court), en Espagne, en Scandinavie, en Pologne. En 1540, entre autres, Domenico Campagnola peignit, à la Bibliothèque de Padoue, les portraits des Romains célèbres [3].

Peu à peu, l'engouement s'étendit aux portraits historiques de toute nature. Le roi Charles VIII déjà recherchait avec ardeur les effigies des contemporains célèbres [4].

---

[1] De tout temps, les souverains pontifes se montrèrent préoccupés de fixer les traits de leurs prédécesseurs. Nous en avons pour preuve les longues séries iconographiques incrustées en mosaïque ou peintes à fresque sur les parois des basiliques de Saint-Pierre, de Saint-Paul-hors-les-Murs, de l'oratoire de Sainte-Calixte, et de bien d'autres sanctuaires romains.

[2] « Itaque peroportunum aggredi visum est, quod jamdudum facere meditabar. Sumpta igitur ex verbis occasione, aliquot sibi aureas argenteasque nostrorum principum effigies minutissimis ac veteribus litteris inscriptas, quas in deliciis habebam, dono dedi, in queis et Augusti Cæsaris vultus erat pene spirans; et ecce, inquam, Cæsar, quibus successisti; ecce quos imitari studeas et mirari, ad quorum formulam atque imaginem te componas, quos præter te unum nulli hominum daturus eram : tua me movit auctoritas » . (Pétrarque, *Epistolæ de rebus familiaribus*, liv. X, lettre 3; éd. de 1601, p. 349, 351).

[3] Petrucci, *Biografia degli Artisti Padovani*, p. 66-67. — Sur les portraits italiens à l'époque de la Renaissance, voir Burckhardt, *Beiträge zur Kunstgeschichte von Italien*; Bâle, 1898, p. 145 et suiv.

[4] Voir ma *Renaissance en Italie et en France au temps de Charles VIII*, p. 511, 513. — Il ne semble pas que les premiers Médicis aient formé des collections de portraits. Par contre, le « Musæum Jovianum » aurait, d'après M. Frey (p. lxx) servi de prototype au cardinal Léopold pour former, au xviie siècle, sa fameuse collection de portraits d'artistes, aujourd'hui une des gloires du Musée des Offices.

On remarquera que, de ce côté-ci des Alpes, les monnaies et médailles portant les effigies des souverains vivants ne firent leur apparition que fort tard, et précisément par la propagande d'Italiens : Pierre de Milan, Laurana, Nicolas de Florence, Jean de Candida.

Le duc Frédéric d'Urbin († 1482) fit un pas de plus : il chargea le peintre flamand Juste de Gand d'orner sa bibliothèque de vingt-huit portraits de philosophes ou savants, soit de l'antiquité, soit du moyen âge, soit de la Renaissance. Les personnages représentés furent : saint Jérôme, saint Augustin, saint Ambroise, saint Grégoire le Grand, — Platon, Aristote, Cicéron, Sénèque, — Homère, Virgile, Dante et Pétrarque, — Solon, Moïse, Salomon et Bartolo, — saint Thomas d'Aquin, Jean Scot et Albert le Grand, les papes Pie II et Sixte IV, le cardinal Bessarion, — Euclide, Ptolémée, Boèce, Hippocrate, Pierre d'Albano, Victorin de Feltre. Ces portraits, la plupart dépourvus de toute authenticité, se trouvent aujourd'hui, les uns au Musée du Louvre, les autres au palais Barberini, à Rome.

Il n'est pas sans intérêt de rappeler ici que le jeune Raphaël Sanzio, qui copia les portraits du palais d'Urbin dans le livre d'esquisses de l'Académie de Venise, prit à tâche, par la suite, de donner pour base à ses évocations historiques des documents authentiques. C'est ainsi qu'il représenta, dans l'*École d'Athènes*, Socrate d'après un marbre ou un camée antique [1].

Dès lors aussi, les éditeurs enrichirent leurs volumes des portraits des auteurs [2].

Tel le *Bréviaire des Décrets et Décrétales*, composé par Paul Florentin et imprimé à Milan en 1478.

La *Bible*, imprimée à Venise en 1490, représente le traducteur Mallermi travaillant dans sa cellule.

[1] Voir le *Raphaël* édité par la Librairie Hachette ; 2ᵉ édit., 1886, p. 608. — [2] Renouvier, *Des Portraits d'auteurs dans les Livres du xvᵉ siècle*. Paris, 1863.

La *Théorie de la musique,* imprimée à Milan en 1492, renferme le portrait de son auteur, Gafori.

Puis ce sont les portraits de Boccace (*Décameron;* Venise, 1490), de Masuccio (*Novellino;* Venise, 1490), de Montagnana (*Fasciculus medicinæ;* Venise, 1495).

Dante est représenté dans les éditions de la *Divine Comédie* (Brescia, 1478; Florence; etc.); Savonarole dans ses *Sermons* (1495, 1496, etc.).

Dans l'intervalle, — en 1497, — parut à Ferrare l'ouvrage de Fra Jacopo Filippo Foresti de Bergame : *De plurimis clarisque sceletisque* (sic) *mulieribus...,* accompagné de nombreuses effigies, les unes de fantaisie, les autres authentiques.

Les incunables allemands nous offrent, outre les portraits plus ou moins hypothétiques des écrivains classiques, ceux de l'auteur de l'*Horloge de Sapience* (Augsbourg, 1482), de l'*Almanach* (Augsbourg, 1489), de Caoursin (*Description de la ville de Rhodes;* Ulm, 1496), de Sébastien Brandt (*Nef des Fols;* Bâle, 1498).

En Allemagne également, un recueil célèbre, publié à Nuremberg en 1493, la *Chronique* de Hartmann Schedel, contient les portraits de tous les hommes célèbres de l'antiquité classique, depuis Adam et Jupiter, Sérapis, Cadmus, Énée! Est-il nécessaire d'ajouter que tous ces personnages sont costumés à la mode du xvᵉ siècle! Ils n'ont même pas les attributs les plus élémentaires : Socrate est coiffé d'un bonnet fourré à bords relevés; Néron est reconnaissable (!) à sa longue barbe (fol. cIII), de même que Trajan (fol. cIX). — Les contemporains ne sont pas mieux traités; tels sont les papes Sixte IV, Innocent VIII, etc., qui ressemble trait pour trait à Alexandre VI (fol. CCLIII vᵒ-CCLVII vᵒ). Comme portrait de Mahomet II (fol. CCLVI vᵒ), le dessinateur employé par Schedel nous offre celui de l'empereur Constantin. Le même bois représente à la fois Sérapis, Faunus, Bérenger, Saladin et Mathias Corvin.

En France, nous rencontrons les portraits de Boccace (le *Livre des cas des Nobles Hommes;* Paris, 1483), de Guillaume de Lorris ou de Jean de Meung (*Roman de la Rose* et *Danse macabre;* Paris et Lyon), d'Alain Chartier (*Livre des Faits,* 1489), de Villon (1489), etc.

Revenons à l'Italie. La série des publications iconographiques véritablement dignes de foi s'ouvre par la reproduction des médailles. Dès 1517, Andrea Fulvio publiait ses *Illustrium Imagines, imperatorum et illustrium virorum aut mulierum vultus ex antiquis numismatibus expressi : emendatum correptumque opus per Andream Fulvium diligentissimum antiquarium* (Rome, Mazzocchi; in-12, cxxx pages).

En 1525 paraissait à Strasbourg le *Imperatorum romanorum Libellus* de Hultichius (Médailles des empereurs et impératrices romains d'après les médailles, suivies de quelques portraits d'empereurs allemands).

Plus tard, en 1549, un fragment illustré d'un des ouvrages de Jove, les *Vies des douze Visconti,* vit le jour à Paris. Cette publication exerça certainement une grande influence sur les recueils parallèles.

Le biographe des artistes italiens, Georges Vasari, qui avait emprunté à Jove l'idée de composer son recueil de notices sur les plus excellents peintres, sculpteurs et architectes de la Péninsule[1], se régla sur son modèle dès la première édition, publiée en 1550. A toute une série de bibliographies il donna pour complément des éloges en vers ou en prose. Pour L. B. Alberti, notamment, il reproduisit la même épigraphe que Jove [1]. Il fit mieux encore dans la seconde édition, publiée en 1568 : d'innombrables portraits gravés, dont quelques-uns empruntés au « Musæum Jovianum », lui servirent à illustrer chaque esquisse biographique.

Particulièrement important est le *Prontuario de le medaglie de più illustri e fulgenti huomini e donne dal principio del Mondo insino al presente*

---

[1] Cf. Frey, *Il Codice Magliabechiano XVII*, p. lxv.

tempo, con le lor vite in compendio raccolte, publié à Lyon par l'éditeur Guillaume Rouille (1553; seconde édition, augmentée, 1577; édition latine, également à Lyon, 1581; plusieurs fois réimprimée). L'auteur de ce recueil donne, en médaillons gravés d'un trait assez fin, les effigies de tous les personnages célèbres depuis l'origine du monde jusqu'au xvi° siècle. A des informations dignes de toute foi, il mêle, comme le titre l'indique, des figures toutes de fantaisie, depuis celles d'Adam, d'Ève, de Noé, de Sem, de Cham et de Japhet, jusqu'à celles de Pâris, d'Ulysse et de Pénélope. Pour l'antiquité classique, comme pour la Renaissance, il recourait principalement aux médailles.

En 1559, l'éditeur Andreas Gesner publia à Zurich un recueil somptueux intitulé : *Imperatorum Romanorum omnium orientalium et occidentalium verissimæ imagines ex antiquis numismatis quam fidelissime delineatæ, addita cujusque vitæ descriptione ex Thesauro Jacobi Stradæ....* Ce sont de gigantesques médaillons, représentant les empereurs, depuis Jules César jusqu'à Charles-Quint. Ils ne sont pas tous très fidèles, mais procèdent de documents sérieux. Notons, en passant, que l'Héraclius du fol. 67 est la reproduction du médaillon ayant appartenu au duc de Berry.

En 1560, Marco Mantova Benavides de Padoue († 1582) fit publier à Rome, chez Lafreri, à l'aide de gravures au burin, les *Illustrium Jurisconsultorum Imagines,* tirées de sa collection.

Puis c'est le tour, en 1569, du précieux recueil de Zanoi : *Imagines quorumdam principum et illustrium virorum* (Venise).

En 1573, Bernard Jobin publie, à Strasbourg, les *Effigies Pontificum romanorum... ab anno Christi* MCCCLXXVIIII *ad ætatem usque nostram præsidentium,* avec texte rédigé par Panvinio et traduction allemande par Fischart. Ce sont des gravures sur bois, parfois informes, quoiqu'elles semblent procéder de documents dignes de foi. (C'est ainsi que le portrait de Jules II est la reproduction du portrait de Raphaël.)

L'année 1580 voit paraître, à Genève, les *Icones, id est veræ Imagines virorum doctrina simul et pietate illustrium,* de Théodore de Bèze, avec des portraits de réformateurs (Bibliothèque de l'École des beaux-arts. Collection Wasset).

A peu d'années de là, en 1585, un éditeur de Francfort publie les *Monumenta illustrium per Italiam, Galliam, Germaniam, Hispanias, totum denique terrarum orbem eruditione et doctrina Virorum* (Bibliothèque de l'École des beaux-arts. Collection Lesoufaché, B. II, 80 *bis*).

III

Quand l'auteur des *Elogia* se mit-il à l'œuvre [1]? On l'ignore. Nous savons seulement que, dès 1521, il possédait une série relativement riche de portraits de littérateurs et de savants, parmi lesquels ceux de Pic de la Mirandole, de Politien, de Marsile Ficin, d'Ermolao Barbaro, de Dante, de Pétrarque, de Boccace, de Léonard Bruni d'Arezzo (Aretinus?), de L. B. Alberti, du Pogge, d'Argyropoulos, de Savonarole, de Marulle et de beaucoup d'autres [2].

Le système de recrutement était des plus simples : Jove mettait à

[1] Dans la préface du VIIe livre des *Elogia Virorum bellica virtute illustrium,* Jove raconte qu'il a consacré plus de trente ans (« per triginta amplius annos... perpetua curiositate incensus ») « in hac tot imaginum supellectile comparanda ».

[2] « Doctissime atque officiosissime Mari. Incessit jampridem animo meo libido haud illaudabilis cubiculum Mercuriale atque Palladium exornandi novissimis clarorum in litteris virorum imaginibus, ut boni mortales eorum exemplo ad virtutes æmulatione gloriæ accenderentur. Proinde singulis tabellis, dignissimorum artificum ingenio depinctis, plurimas eorum imagines non sine labore collegi, et in primis Pontani, Mirandulæ, Politiani, Ficini, Hermolai, Sabellici, Achillini, multorumque aliorum, ut Dantis, Petrarchæ, Boccacii, Aretini, Baptistæ Alberti, Pogii, Argiropili, Savonarollæ, Marulli et similium. Restat ut viventium, ut cœpi, aliquas conquiram, et defunctorum nonnullas, sicuti Fratris Baptistæ Carmelitani; hujus velim effigiem veram meo nomine pingi ab erudita manu juberes in linteo sesquipedali; neque me repositurum liberalitati tuæ calculum profiteor, quum omnia mea ad te tuique similes ingenua quadam comessione pertineant. Vale. Ex mediis legati vri lepidissimis epulis, quum instaret pocillator egregius. Ex Florentia 28 augusti 1521. — Servus tuus Paulus Iovius. — Doctissimo viro D^{no} Mario Equicolæ patrono meo optimo. Mantuæ. » (Gaye, *Carteggio inedito,* t. II, p. 152.)

contribution ses amis, ses protecteurs, tous ceux qui, de près ou de loin, avaient souci de la renommée, tous ceux qui avaient à compter avec sa plume tour à tour si caressante ou si mordante.

Dès cette époque aussi, vraisemblablement, le fondateur du musée avait arrêté le programme qu'il poursuivit jusqu'au bout avec tant de ténacité. Ce programme consistait, non dans la réunion d'une collection iconographique composée d'éléments divers, statues et bustes, médailles, gravures, mais bien dans la formation d'une galerie de portraits peints sur toile, mesurant chacun environ un pied et demi « in linteo sesquipedali » [1].

La générosité de sa clientèle ou un heureux hasard mettaient-ils entre les mains du collectionneur quelque original précieux (il en avait de Mantegna, de Gentile Bellini, de Raphaël, du Titien et d'une foule d'autres peintres célèbres), c'était tant mieux; mais son objectif était plus vaste : le nombre des originaux étant essentiellement limité et la galerie devant être aussi complète que possible, Jove s'arrêta résolument au parti de faire copier (parfois interpréter) en peinture tous les documents, de quelque nature qu'ils fussent, même les médailles, qu'il ne pouvait se procurer en originaux.

Parmi les portraits reconstitués à l'aide de médailles, je citerai ceux de Cosme de Médicis l'ancien, du roi Alphonse de Naples (Heiss, pl. IX), de Léon-Baptiste Alberti, de Savonarole, du cardinal Ascanio Sforza [2].

Ajoutons, à la décharge de Jove, que le Titien ne procéda pas autrement lorsque François Ier lui demanda de peindre son portrait. Lui aussi se contenta, comme document premier, d'une médaille pour peindre le merveilleux portrait aujourd'hui conservé au Louvre. Bien plus, de nos jours même, ne voit-on pas des sculpteurs exécuter

[1] Gaye, *Carteggio*, t. II, p. 152.

[2] Jove possédait les médailles suivantes, dont plusieurs par Pisanello : le roi Alphonse; le pape Martin V, avec les armes de la maison Colonna au revers; Mahomet II, à cheval, une sphère à la main; Sigismond Malatesta, avec Isotta au revers; Nic. Piccinino; Jean Paléologue. (Lettre du 12 novembre 1551 : Bottari, *Lettere pittoriche*, t. V, p. 52.)

d'après une simple photographie les bustes de nos confrères défunts?
Et voilà comment on fait de l'iconographie à la fin du xixe siècle !

On n'a pas jusqu'ici suffisamment tenu compte de ces pratiques,
qui devront avoir pour effet de diminuer singulièrement l'autorité
du « Musæum Jovianum ». Passe encore pour faire copier textuellement un tableau, voire pour faire reproduire en peinture un buste ou
une statue; mais que dire de peintures reproduisant une miniature,
une médaille, dans un format quarante ou cinquante fois plus grand ?
L'interprétation n'y perdait-elle pas forcément toute sincérité !

Il y a pis : parfois Jove semble avoir fait composer une effigie
unique à l'aide de deux ou trois documents différents, dont son
peintre s'efforçait de combiner les traits essentiels. Ce fut le cas, si j'ai
bien lu entre les lignes, pour le portrait de l'empereur Frédéric
Barberousse.

Là était le point vulnérable du « Musæum Jovianum ». L'on ne
saurait trop mettre en garde les iconographes contre un système
d'interprétation qui laissait tant de place à la fantaisie individuelle
du copiste.

Je ne suis pas éloigné de croire que le peintre employé par Jove
(à moins que ce ne soit le dessinateur employé par l'éditeur bâlois
des *Elogia*) a parfois ajouté quelque emblème ou attribut. C'est ainsi
que Pandolfo Collenuccio (l'humaniste étranglé à Pesaro par ordre
de Jean Sforza) est représenté la corde au cou, et Julien de Médicis,
la victime de la conjuration des Pazzi, le cœur percé d'un poignard.

Quelque peu scientifique que fût un tel procédé, ici encore les efforts
de Jove n'ont pas été entièrement stériles. Grâce à son témoignage,
nous sommes fixés sur l'identification de telle ou telle effigie, sculptée
ou peinte, dont, sans lui, la signification nous aurait échappé.

Je reviendrai, dans la suite de mon travail, sur l'intérêt de ces ren-
seignements.

Dans la réalisation de la première partie de son programme, la recherche et la reproduction de documents iconographiques conservés dans des édifices publics ou appartenant à des particuliers, Jove déploya une ardeur et une clairvoyance au-dessus de tout éloge. Il mit à contribution les statues triomphales, les monuments funéraires de l'Italie tout entière, les fresques des églises, des palais, des simples villas, les miniatures des manuscrits, les médailles, en un mot tous les matériaux que lui signalait la renommée ou que lui faisait découvrir son flair[1].

Particulièrement curieuse est l'origine des portraits des sultans. Lors de son séjour à Marseille, le fameux corsaire Barberousse avait donné à Virginio Orsini, à titre d'échange, une boîte en ébène et ivoire renfermant les portraits de onze sultans. Cette série cadrait à merveille avec les tableaux ou médailles (?), représentant des sultans d'une époque plus récente, que Jove possédait déjà. Notre collectionneur obtint, à force d'instances, qu'Orsini lui prêtât ses miniatures afin de pouvoir les faire copier dans un format plus grand : *latioribus in tabulis. . . . pingenda.*

Infiniment plus intéressant était le second mode de recrutement : il consistait à obtenir, des innombrables connaissances de Jove, la ces-

---

[1] Peut-être Jove eut-il recours au pinceau de Francesco Salviati. Il est du moins question, dans une lettre assez obscure, d'un travail que cet artiste devait exécuter à Milan pour le duc de Mantoue, sous la direction de Jove : « Dipoi scrissi da Milano circa al condurre al servizio del Sig. Marchese l'eccellente Francesco Salviati, il quale per essere aspettato da sua Eccellenza doveria venire. Or ch'io non sento nulla di sua venuta, ho voluto scrivere queste poche parole, accioche gliele diciate, e si risolva. Prima esso mastro Francesco avrà le spese col suo giovine in casa di M. Joanjacopo Rainoldo all' Ambrosiana con la ghirlanda del poeta Porro. Non avrà da travagliarsi in altro se non pingere, e andare a passar tempo uccellando alle gumedre. Esso farà dodici quadri in tela, secondo l'esempio, e medaglie, ch'io gli darò. Sarà pagato del salario d'un anno forse in sei mesi, perocchè so, che menerà le mani; ed io ho concluso con Sua Eccellenza, che sipaghino i ritratti di mano in mano a giudicio mio. Vi lascio pensare, s'io sarò galantomo. Oh tu potresti dire : lo stato di Milano si darà a Orliens, e lo Sig. Marchese anderà ad altre bande. Dio il volesse, perche il suo pennello cascherebbe in piede: Hoc dicatis ei : « Ubi sum ego, nolite timere, etc. » . . .

« Dal Museo 24 Febbrajo 1540.

« Il vescovo Jovio. »

(Bottari, *Raccolta di Lettere sulla pittura, scultura ed architettura;* Rome, 1766; t. V, p. 146-147.)

sion des portraits originaux qui leur appartenaient. Princes, savants, artistes, simples amateurs, rivalisaient à qui apporterait sa pierre à ce panthéon des gloires antiques ou modernes. Ici, c'était le duc Alphonse Iᵉʳ de Ferrare qui lui faisait cadeau du portrait du médecin Niccolò Leoniceno; là, le cardinal Hercule de Gonzague qui lui envoyait les portraits de son père, de Battista Mantovano et de Pomponace. Le duc Hercule II de Ferrare, à son tour, fut sollicité, en 1544, de donner le portrait d'Alciat. Puis c'étaient des grands seigneurs ou des littérateurs célèbres qui offraient leur propre effigie : tels Fernand de Gonzague (portrait peint par Domenico Giunti de Prato), l'Arétin (portrait peint par le Titien), et divers autres [1].

Je citerai ici, en raison de leur intérêt, les copies des fresques peintes au Vatican sous Nicolas V, et représentant Charles VII de France, Niccolò Fortebraccio, Antonio Colonna, prince de Salerne, Francesco Carmagnola, Giovanni Vittelleschi, le cardinal Bessarion, Francesco Spinola et Battista da Canneto. Ces copies avaient été exécutées par ordre de Raphaël, au moment où il fit détruire, dans la salle d'Héliodore, les fresques peintes, croit-on, par Piero della Francesca, pour leur substituer la *Délivrance de saint Pierre;* léguées par lui à Jules Romain, elles furent offertes par celui-ci à Jove, qui les accueillit on devine avec quel empressement [2].

Georges Vasari, le biographe des artistes italiens, contribua, lui aussi, à l'enrichissement du musée en faisant don à Jove de la « tavola dei Poeti antichi » [3].

Jove recevait des cadeaux jusque du fond de l'Amérique; Fernand

---

[1] Campori, *Lettere artistiche inedite*, p. 237. Quelques-uns de ces portraits semblent n'être pas arrivés à destination. C'est ainsi que l'on cherche en vain, dans le catalogue du musée, la mention du portrait de Daniel Barbaro. Nous savons cependant, par une lettre de l'Arétin, du mois de février 1545, que le Titien avait peint, à l'intention de Jove, le portrait de ce patricien, portrait de tout point réussi, si l'on en croit le fameux critique d'art et satirique.

[2] Vasari, t. II, p. 492. — Deux de ces portraits, copiés dans les Stances du Vatican, Francesco Spinola et Battista da Canneto, ne figurent pas dans le recueil de Jove.

[3] Voir ci-après, à l'Appendice, la lettre du comte Giovio.

Cortez lui envoya son portrait peu de temps avant sa mort (1547). Il est en outre question, dans le testament de Jove, d'une émeraude en forme de cœur qu'il tenait du conquérant du Mexique.

Mais ce collectionneur ardent n'hésitait pas à faire exécuter à ses frais les portraits de contemporains célèbres. C'est ainsi qu'il procéda pour l'anatomiste Marc Antonio della Torre. Malheureusement della Torre mourut pendant que l'on travaillait à son portrait, et Jove dut se contenter d'une ébauche ou plutôt d'un simple fusain.

Pour les personnages postérieurs au xvᵉ siècle, Jove n'indique plus qu'accidentellement les sources auxquelles il a puisé, évidemment parce que ces sources étaient accessibles à tous. La tâche du critique devient donc plus ardue ici. Cette série était d'ailleurs la plus précieuse, puisqu'elle comprenait un très grand nombre d'originaux.

Quoiqu'il eût été nommé (le 13 janvier 1528) évêque de Nocera dei Pagani, dans les environs de Salerne, Jove n'en continua pas moins d'habiter la Haute Italie. Ce fut dans sa ville natale, Côme, qu'il établit son musée. Côme avait tant d'attraits pour lui, qu'il passa ses dernières années sur les bords du lac enchanteur. Dans sa description de l'élégante villa qu'il s'y était fait construire, il s'inspire à tout instant des inimitables tableaux dans lesquels Pétrarque a immortalisé la fontaine de Vaucluse et sa retraite favorite. Mais cédons-lui un instant la plume :

Tota enim villa ante meridiem, quum ex alto sol urget, obortis Ætesiis blandissime ventilatur. In fronte quoque podium ab insigni projectura clatris ferreis circumseptum, in subjectas undas prominet, quo nihil ad prospectum jucundius excogitari potest. Inde enim ad projectam escam allectos pisces hamata linea extrahere juvat, et cum singulari voluptate innumeras natantium acies intueri. Nam Larius ipse argenteo nitore translucidus, dum colores et species piscium ad oculos transmittit, spectantibus arridet. Introrsus autem Apollo citharœdus, et Musæ suis instructæ organis, cœnantibus applaudunt. Invitat exinde loci mutatione gaudentes in proximum cubiculum suum Minerva, ubi priscorum civium simulachra visuntur, utriusque ante alios Plinii, antiquiorisque Cæcilii et Rufi Caninii poetarum,

Attilii item grammatici et Fabati, Neronis odio insignis. Minervæ autem juncta est bibliotheca, parva quidem, sed lectissimis referta libris, a depicta imagine Mercurio dicata. Ab hoc demum itur ad Sirenas, id est cubiculum aliquanto retractius, tanquam honestæ tributum voluptati, ac inde ad armamentarium, quod juxta atrium, jure ipso, invicti Cæsaris Caroli augusta insignia tuentur. Cæterum maximo conclavi adjuncta est nobilis illa cœnatio tribus Gratiis merito consecrata, quæ florido laqueari, minoribusque septem doricis columnis, et facetissimo picturæ genere mirabiliter adornatur, quum peritus optices pictor peristylii fugientis recessus, ex obliquo deceptis oculis expresserit[1]...

Jove songeait à faire reproduire par la gravure l'inestimable musée iconographique qu'il avait formé avec tant d'amour. Ce fait résulte de sa lettre, en date du 14 septembre 1548, à Doni. Il exprime le vœu que ses portraits puissent être gravés comme les médailles publiées par son correspondant : « E volesse Dio, che di questa maniera si potessero intagliare tutte le immagini, che io tengo al Museo, almanco quelle degli uomini famosi in guerra[2]. »

[1] Cette description est à compléter par celle que nous a laissée Boldoni, l'auteur du *Larius* :

« Vix autem lecto suburbio, ut sejunctum ab Urbis strepitu, rusticisque etiam deliciis fruens commodius Musas suas colere possit, claudit ejus extrema, sacrum illud, et præsidio Dearum, et conditoris memoria venerandum divini illius Pauli Jovii Musæum. Cujus viri cælestem eloquentiam admirantes, facile omnem nos perdituros in illius loci descriptione operam intelligimus, non modo, quod illa felicissimo ejus viri stylo ad omnium gentium admirationem fit exactissime absoluta : sed etiam quod fatiscentibus ædificii muris, ædes jam collabentes non restitutæ; sed crudeli potius quam pio consilio veteribus deletis in aliam sint formam renovatæ. Neque ego quemquam esse tàm barbarum putarim, qui, si illac transiens, surgentem novarum ædium molem aspexerit, atque inde disturbatos sæva pietate muros, et jacentem tot eruditorum operum congeriem, et obliteratas imagines contempletur, lachrymas tam insigni ruina manantes tenere possit. Erat autem ibi hæc inscriptio amplissimæ tabulæ insculpta, quæ et ipsa in illa luctuosa clade periit : Fortvna, cvm virtvtem exornat, nascentem invidiam simvl extingvit. Labor fortvnam conciliat, virtvs invidiam frangit, cvm natvræ necessitas ad interitvm dvcat, sola ingenii gloria vitam extendit. Vividæ fervidæq. virtvti mœcenates nvnqvam desvnt.

Major ab eversis rebus clarissima virtus
Surgit, et e medio funere fata fugit.
(Boldonius, *Larius;* préface datée de 1616 édition d'Avignon, 1776, p. 73-74.)

[2] « A M. Antonfrancesco Doni. — Ebbi la vostra lettera con la mostra del libro delle medaglie, le quali mi son piaciute sommamente, e non posso finir d'ammirare, e lodare l'ingegno vostro, inventore ogni dì di qualche bella impresa. Vi esorto a proseguirla, certificandovi,

De fait, du vivant même de Jove, plusieurs pièces de sa collection furent reproduites à l'aide de la xylographie, et cela dans notre pays. Il avait envoyé à Henri de France, alors encore Dauphin, un exemplaire de ses *Vies des douze Visconti*, enrichi de superbes dessins représentant les portraits de ces princes [1] et précédé d'une préface qu'il y a intérêt à reproduire ici, avant de continuer cet exposé :

Paulus Jovius, episcopus Nucerinus, Henrico Galliæ Delphino S. P. D.

Quum ad Niceam in spem exoptatæ pacis adductus, Carolo fratri tuo Vicecomitum origines et principatus initia brevi commentario me perscripturum promisissem, nihil inde mihi antiquius fuit, quam ut id quod susceperam mature perficerem. Arbitrabar enim non multo post futurum, ut is summæ spei adolescens cum optimo jure suo, tum præclara Cæsaris Augusti liberalitate, Cisalpinæ Galliæ imperio potiretur. Quamobrem non modo mihi honestum, sed illi etiam maxime decorum atque jucundum fore providebam, si tantorum principum res gestæ in arctum volumen referrentur. Nam eos bellica laude et magnificentia operum et splendore vitæ cum clarissimis Græcorum et Romanorum comparari posse sine controversia judicamus. Ab hac utique nobilissima stirpe maternum genus Regiæ Valesiorum domui insertum deducitis, unde hæc Mediolanensis Regni hæreditas aditur, tot cruentis jactata litibus, nec ullis unquam immitis Fortunæ terroribus intermissa. Regnavere autem ex hac illustri familia duodecim principes centum et septuaginta annis; tot enim sunt ab Othone ad Philippum in quo principum progenies defecit, quum is sine legitima prole decesserit. Cæterum, confecto libro, quum offerendi hujus muneris votum novus ex violatis induciis renati belli tumultus aliquandiu fefellisset, tandem id totum Carolus ipse atroci fato nobis ereptus interrupit, graviore quidem nostro luctu, quod juvenis spectata virtute florentissimus, in ipso partæ pacis limine

che da cose simili non potrete se non cavar onore grande, ed utile. E volesse Dio, che di questa maniera si potessero intagliare tutte le immagini, ch'io tengo al Museo, almanco quelle degli uomini famosi in guerra, a i quali ho cominciato a far gli Elogi, e anderanno presto in stampa. Nè io desidererei altro, se non che si potessero imprimere le loro immagini un poco più grandette delle medaglie antiche, e ajutarle poi con qualche colore per maggior dignità; il che quando succedesse no crederei, che dagli Antichi in quà fosse uscito il più vago libretto. E se di quà posso cosa alcuna, valetevi di me con ogni sicurtà. State sano. Roma alli 14 di Settembre 1548.

« Il vescovo GIOVIO. »

(Bottari, *Raccolta di Lettere sulla pittura, scultura ed architettura;* Rome, 1766; t. V, p. 96.)

[1] Bibliothèque nationale. Fonds latin, n° 5887, fol. 1. D'après la transcription de M. Léon Dorez.

conciderit. Id igitur quod ei debebam, tibi rerum omnium hæredi integra fide persolvo. Tu vero sapienter generoseque feceris ac plane regie, si eo animo librum evolves, ut, repudiatis vitiis, summos tantum virtutum flores decerpas. Id porro tibi haud difficile fuerit, qui paternæ laudis æmulus ac avitæ constantiæ præclarus imitator, ita diversas miro temperamento in unum virtutes misces, ut jam Gallia minime dubitet, quin sis duobus longe maximis regibus major atque felicior evasurus. Vale. Romæ, quarto kal. aprilis M DXL VII [1].

Dès 1549, Robert Estienne, assisté de notre si distingué graveur et typographe Geoffroy Tory de Bourges, entreprit la publication de ce recueil. Les gravures, tant de l'édition de 1549 que de l'édition

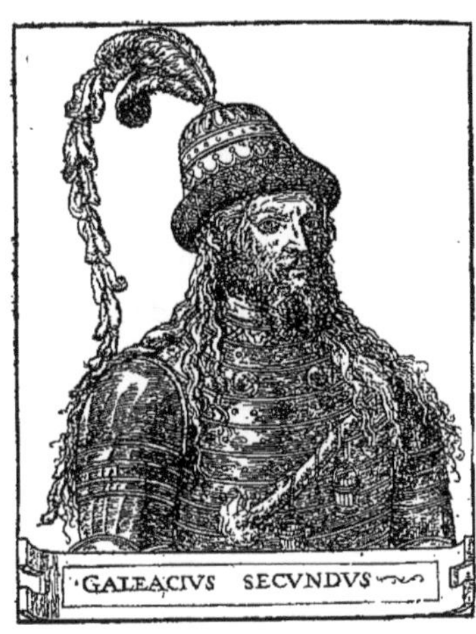

Galéas II Visconti.
(Édition parisienne de 1552.)

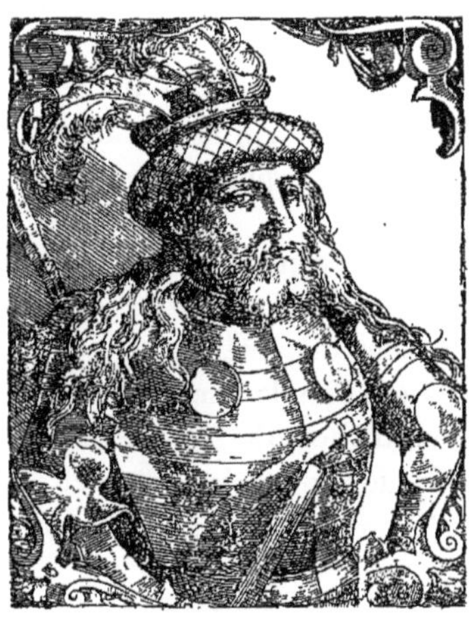

Galéas II Visconti.
(Édition bâloise de 1577.)

de 1552, offrent une facture infiniment plus serrée que les gravures de l'édition bâloise dont il sera question plus loin. Beaucoup de détails

[1] Ce manuscrit, conservé à la Bibliothèque nationale (Fonds latin, n° 5887), renferme dix grands dessins coloriés, tenant le milieu entre la miniature et la fresque, et se distinguant par leur allure non moins que par l'extrême fraîcheur des tons. Leur auteur est un très habile peintre de l'École milanaise.

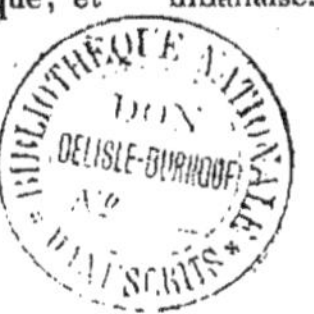

de costumes ou d'accessoires omis dans ces dernières y sont fidèlement reproduits [1].

Par contre, l'édition des *Elogia Virorum bellica virtute illustrium*, publiée à Florence en 1551, ne contient d'autres gravures que les initiales : on n'y trouve pas un seul portrait. Il en est de même de *Gli Elogi, vite brevemente scritte d'uomini illustri di guerra.* . . (Florence, même date) : ils ne contiennent pas de gravures, si ce n'est le frontispice et les initiales [2].

La mort surprit l'ardent collectionneur à Florence, au milieu de ses efforts et de ses rêves : il mourut, comme on sait, le 11 décembre 1552, après avoir pris des mesures qu'il croyait suffisantes pour la conservation de tant de trésors; il avait, en effet, formellement défendu par son testament de jamais aliéner le magnifique ensemble qu'il s'était appliqué, tant d'années durant, à constituer.

Avant comme après la mort de Jove, des princes italiens ou étrangers envoyèrent à Côme des artistes chargés de reproduire ces précieux documents.

Dès 1550, le duc Cosme Ier de Médicis y faisait exécuter des copies. A partir de 1552, il y entretint, pour cette tâche spéciale, le peintre Cristoforo ou Cristofano dell' Altissimo. Au mois d'août 1553, l'artiste avait copié vingt-quatre portraits [3]. Ses copies avaient trois doigts

---

[1] Ces planches ont été copiées sur cuivre dans différentes éditions latines faites d'après l'édition de Robert Estienne (Bernard, *Geoffroy Tory*, p. 222, 301-303).

[2] La bibliographie des éditions des *Elogia* mériterait d'être dressée avec plus de soin qu'elle ne l'a été par Brunet et Graesse. Celui-ci mentionne les *Elogia vivis claror. Viror. imaginibus apposita* (Venise, 1546), les *Illustrium Virorum vitæ* (Florence, 1549-1551), les *Elogia Virorum bellica virtute illustrium* (Flo-

rence, 1551; la mention « figures en bois » s'applique aux initiales, non à des reproductions de portraits, comme l'on pourrait être tenté de le croire), etc. — Une traduction française, par Blaise d'Éveron — *Éloges et vies décrites sous les images des plus illustres hommes de guerre* — a vu le jour à Paris en 1559.

[3] L'inventaire de la garde-robe de Cosme Ier, commencé le 25 octobre 1553, ne mentionne pas encore de copies exécutées par l'Altissimo

de hauteur de plus que les dimensions qui lui avaient été fixées. Le 7 juillet 1554, envoi de vingt-six autres copies, chacune d'elles payée 5 ducats de 7 livres [1].

(Conti, *La prima Reggia di Cosimo de' Medici nel palazzo già della Signoria di Firenze;* Florence, 1893, p. 8, 137, 141).

L'inventaire rédigé à la mort de Cosme Ier (1574) enregistre, au contraire, en bloc, deux cent trente-huit portraits, tous de même dimension, placés dans la « Stanza dell' Horiuolo » au Palais vieux. A coup sûr, beaucoup d'entre eux étaient des copies exécutées par Cristoforo dell' Altissimo. — Voir mes *Collections de Cosme Ier de Médicis* (*Revue archéologique* de 1895).

[1] Gaye, *Carteggio*, t. II, p. 389-392, 401-402, 412-414. — Cf. Vasari, t. VII, p. 609; t. VIII, p. 374. — Gualandi, *Nuova Raccolta di Lettere*, t. I, p. 46-47, 373-374.

Je donne ci-dessous un échantillon de la correspondance échangée par l'Altissimo avec le grand-duc.

« Illustrissimo et Eccellentissimo Signor Duca. — Et essendo io mandato da Vra. Ecc. qua a Como per il negozio di ritrarre de' ritratti che sono in casa di Monsignor Iovio, del che oggi son undici mesi, et in questo tempo non ò mai auto altro che 24 nomi, di modo che già un pezzo son finiti, et più assai sene sarebbon fatti se avessi auto de' nomi; per questo mio perder tempo penso sia causato per le grande occupazioni del Signor Maiordomo, quale non à potuto avere a memoria questo negozio, suplico a vostra Eccellenza me ne faci mandare, aciò possa satisfar del debito mio con vostra Eccellenza; et umilmente li baccio le mani. Di Como il dì ultimo Maggio 1553. — Servitor Tofano Pittor fiorentino. » (Gaye, *Carteggio inedito d'artisti dei secoli XIV, XV, XVI;* Florence, 1840, t. II, p. 389.)

La liste jointe à la lettre du 23 octobre 1556 comprend les portraits suivants (« questi sono i nomi de' ritrati che i' ò in ordine ») : « Leonardus Aretinus, Carolus Aurelianus, Erigus Delfinos, Gattamelata, Federigus Urbini, Teodorus Gazza, Ermolaus Barbarus, Columbus, Jo. Jacopus Triulzius, Bartol. juriconsultus (*sic*), Cristierna ducessa di M[u], Usore Solimani, Erasmus Roterdamus, Baldassar Castelion, Frater Petrus card[le], Bessarion card[le], Filipppus dux M[u], Galeazus Vicecomes, Vida episcopus, Ingilterra card[le], Domenico Grimani car[le], Vitellozzo Vitelli, Filippus Metlanton (*sic*), Martino Columna Pont. Max., Lodovicus dux M[u] » Gualandi, *Nuova Raccolta di Lettere.* Il résulte de cette liste qu'un certain nombre de portraits entrèrent dans la collection de Jove postérieurement à la rédaction des *Elogia,* car ils ne sont pas mentionnés dans l'édition de 1551.

D'après M. Kenner (1897, p. 137-181), le travail de l'Altissimo aurait pris fin en 1556 et n'aurait porté que sur soixante-dix portraits. Or, le 18 janvier 1564 encore, Vasari faisait ordonnancer 50 ducats pour dix portraits exécutés par Cristofano dell' Altissimo à l'intention de Cosme Ier, ainsi qu'il résulte de ce document :

« A M. Angelo Biffoli, depositario. — Ho ricevuto da Cristofano dell' Altissimo dieci ritratti in teste ch' egli fa per Sua Eccellenza, le quali ho appresso di me per darne conto : le quali montono secondo l'ordine che gli paga la Depositeria dell' una ducati cinque, che la S.V. gli farà dare, perchè sia satisfatto dell opera sua, ducati 50 di moneta di lire 7 per ducato. E me gli raccomando. Di casa, alli xviii di Gennaio 1563 (1564 n. s.). La S. V. riscontri con l'ordine vecchio. » (Vasari, éd. Milanesi, t. VIII, p. 374.)

3.

De 1552 à 1568, Cristoforo dell' Altissimo copia plus de deux cent quatre-vingts portraits [1]. Mais quels étaient ces portraits? Tel est le problème qu'aucun de mes prédécesseurs n'a songé à résoudre. La solution cependant est des plus aisées, grâce au témoignage de Vasari. Dans la seconde édition de son recueil (1568), le biographe nous donne la liste d'environ deux cent quarante « ritratti » faisant partie du musée de Cosme Ier [2]. Or il suffit de jeter un coup d'œil sur cette liste pour découvrir qu'elle concorde, pour la presque totalité, avec le catalogue de la collection de Paul Jove.

Il est impossible d'affadir plus que ne l'a fait l'Altissimo. Les effigies du « Musæum Jovianum », copiées par lui, ont perdu toute saveur, tout accent, toute sincérité.

Instructif entre tous est le cas du portrait de Léonard de Vinci. Ce portrait, que nous ne connaissons que par la copie du Musée des Offices, procède, il n'est pas permis d'en douter, du dessin qui fait aujourd'hui partie des collections de la reine d'Angleterre, à Windsor. Tout en paraissant reproduire exactement l'effigie si caractéris-

[1] « È stato anco discepolo, prima del Puntormo e poi del Bronzino, Cristofano dell' Altissimo, pittore; il quale, dopo aver fatto in sua giovanezza molti quadri a olio ed alcuni ritratti, fu mandato dal signor duca Cosimo a Como a ritrarre dal museo di monsignor Giovio molti quadri di persone illustri, fra una infinità che in quel luogo ne raccolse quell' uomo raro de' tempi nostri; oltre a molti che ha provisti di più, con la fatica di Giorgio Vasari, il duca Cosimo; che tutti questi ritratti se ne farà uno indice nella tavola di questo libro per non occupare in questo ragionamento troppo luogo. Nel che fare si adoperò Cristofano con molta diligenza, e di maniera in questi ritratti, che quelli che ha ricavati infino a oggi, e che sono in tre fregiature d'una guardaroba di detto signor duca, come si dirà altrove de' sua ornamenti, passano il numero di dugento ottanta, fra ontefici, imperatori, re ed altri principi, capitani d' eserciti, uomini di lettere, ed in somma, per alcuna cagione, illustri e famosi. E per vero dire, abbiam grande obbligo a questa fatica e diligenza del Giovio e del duca; perciochè non solamente le stanze de' principi, ma quelle di molti privati si vanno adornando de' ritratti o d'uno o d'altro di detti uomini illustri, secondo le patrie, famiglie, et affezione di ciascuno. Cristofano adunque fermatosi in questa maniera di pitture, che è secondo il genio suo, o vero inclinazione, ha fatto poco altro, come quegli che dee trarre di questa onore ed utile a bastanza. » (Vasari, éd. Milanesi, t. VII, p. 609-610.)

[2] *Tavola de Ritratti del Museo dell' Illustriss. et Excellentiss. S. Cosimo Duca di Fiorenza et Siena.* Ce document, si précieux, n'a pas été réimprimé dans les éditions modernes de Vasari.

tique, tracée de la main même de Léonard, le copiste a tout altéré :
l'expression et jusqu'à l'âge du personnage. Dans le dessin de Windsor,
nous voyons un homme plein de force encore, au regard perçant, à
la bouche contractée : cette physionomie si caractéristique s'est méta-
morphosée, dans la peinture, en une tête de vieillard affaissé, dé-
crépit. C'est bien le cas de répéter : *traduttore, traditore.*

Pour médiocres qu'elles soient, les copies de l'Altissimo n'en offrent
pas moins une écrasante supériorité sur les gravures jointes à l'édition
bâloise des *Elogia* [1], où le dessinateur d'abord, le graveur ensuite,
cédant à la tentation de « dramatiser » les personnages, ont plus d'une
fois altéré les documents au point de les rendre méconnaissables.
(Une des rares gravures à la fois précises, sobres et nettes est celle
du portrait de César Borgia.)

Les copies conservées à Florence [2] furent copiées à leur tour pour
l'archiduc Ferdinand du Tyrol († 1595). Dans le nombre se trouvaient
Totila, Charlemagne, Frédéric Barberousse, Saladin, Albert le Grand,
Cangrande Ier, Julien de Médicis, Hawkood, Ferdinand d'Avalos,
Carmagnola, Colleone, Prospero Colonna, Christophe Colomb,
J. Gattamelata, Alviano, Petrucci de Sienne, Pic de la Mirandole,
J.-G. Trivulce, F. Cortez, Leva, Navarro, Louis XII, le connétable
de Bourbon, Gaston de Foix, le roi Louis II de Hongrie, Tamerlan,
Scanderberg, Nic. Orsini, Mulamethus Scerifus et plusieurs sultans.
Cette collection, d'abord exposée au château d'Ambras, aujourd'hui
au musée de Vienne, fut commencée sur un plan méthodique en 1576

---

[1] Jacques Burckhardt, en vrai Bâlois, s'est
montré trop indulgent pour les gravures de
l'édition de Bâle : « Die Ausgabe in Holzschnit-
ten kann man öfter durch anderweitig erhal-
tene Bildnisse kontrolieren und sie besteht
dabei nicht schlecht » (*Beiträge zur Kunstgeschichte von Italien*, p. 467).

[2] Les portraits conservés à Vienne sont
donc des copies de copies et non des copies
de peintures originales. On devine quelles
altérations les physionomies ont dû subir!
Voir Kenneri : *Jahrbuch*, 1897, p. 181-
182.

(dans les dimensions de o m. 33 sur o m. 24) et continuée en 1578, dans les dimensions plus restreintes (o m. 135 sur o m. 105). Elle permet de combler bien des lacunes dans la série des gravures exécutées d'après les originaux de la collection de Jove [1].

Une suite d'autres copies fut exécutée par un peintre célèbre, Bernardino Campi, pour la princesse Hippolyte de Gonzague [2]. On ignore où ces copies ont passé.

Le cardinal Frédéric Borromée, le fondateur de l'Ambrosienne de Milan, fit reproduire à son tour un certain nombre de portraits [3].

Mais ce fut la publication d'une édition illustrée des *Elogia*, entreprise par l'éditeur bâlois Pierre Perna, qui mit véritablement en lumière les trésors réunis sur les bords du lac de Côme. A elle, le « Musæum Jovianum » doit sa popularité. Perna, désirant répandre au loin les reproductions de cette riche galerie iconographique, y

[1] Kenner : *Jahrbuch der Kunsthistorischen Sammlungen des allerhöchsten Kaiserhäuses,* 1893, p. 37-150; 1894, p. 147 et suiv.; 1897, p. 135 et suiv.; 1898, p. 27.

[2] « Avenne poi, che desiderando la Sig. Donna Hippolita Gonzaga d'haver alcuni de'i ritratti, che sono à Como nel museo di Monsignor Giovio, ordinò à Bernardino, che vi andasse à contrafargli, et gli diede in compagnia il suo secretario, il quale havendo quivi ritrovato un certo Christoforo pittore di Firenze, creato di Bronzino, mandatovi dall' Altezza del suo Gran Duca per contrafar anche egli alcuni di quei ritratti, scrisse alla sua Signora dell' eccellenza di detto Christoforo, et ch' egli fra per l'impresa alla quale era stato destinato; si etiandio per la grandezza del Prencipe, che mandato quivi l'haveva, era stimato pittore di sommo valore. Laonde essa Signora gli rescrisse, che ritornando seco lo conducesse da lei. Contrafatti che hebbe dunq; Bernardino i ritratti, che egli erano stati ordinati, egli, et il secretario ritornarono seco insieme menando Christoforo. Perche essa Signora desiderava di conoscere chi dei due pittori fosse di più valore, e di maggior eccellenza, si fece ritrarre da amboloro. Il Firentino due volte dal vivo la ritrasse, et Bernardino una sola. Indi posti i ritratti d'ell' unò, et dell' altro al paragone, fu non solamente dal grave giudicio della Sig. Donna Hippolita, ma etiandio da molti giuditiosi Cavaglieri giudicato più vago, più simile, e di più movente, e gratiosa maniera quello di Bernardino. » (Lamo, *Discorso intorno alla Scoltura et Pittura,* Crémone, 1584, p. 53.)

[3] Campori, *Lettere artistiche inedite,* p. 237. — Kenner : *Annuaire des Musées impériaux de la Maison impériale d'Autriche,* 1894, p. 150, 151, 241; 1897, *loc. cit.;* 1898, p. 6 et suiv.

envoya un peintre (un dessinateur?) [1], avec mission de copier les portraits les plus intéressants; puis, après avoir fait graver sur bois ces dessins, il les publia, de 1575 à 1577, en deux superbes in-folio.

Dans la préface de 1575, Perna raconte comment lui vint l'idée de faire copier et graver les portraits de la collection Jove : « Has Joviani Musæi in omni genere literarum clariss. virorum mutas quidem imagines, sed ad ipsum prototypon summa fide expressas, ex suburbano illo Novocomense, non minoribus quam in illud tra-ductæ fuere sumptibus denuo productas, omnibus omnium vel publicis vel privatis bibliothecis communicandas... De meo vero studio hoc unum profiteor, qui majoribus prope, quam res mea fami-liaris pateretur, impensis a nobiliss. pictore Jovianas imagines expri-mendas curavi... »

A deux siècles de là, en 1780, le comte Giovio confirmait cette assertion; il déclarait que les dessinateurs ou graveurs chargés de reproduire les portraits destinés à l'édition de Bâle se rendirent exprès à Côme pour reproduire ces documents : « Vennero qui espressa-mente. »

En éditeur pratique, Perna jugea utile de faire une sélection parmi les nombreux documents iconographiques réunis par Jove. Sur les deux cents portraits environ composant la série des littérateurs et des savants, il n'en fit reproduire que soixante-deux; sur les cent cin-quante environ composant la série des capitaines, cent vingt-huit seulement.

A quelles considérations était dû ce choix? Laissa-t-on de côté les peintures mal venues, enfumées, peu distinctes; ou bien sacrifia-t-on les portraits des personnages les moins intéressants? Je pencherai pour cette dernière hypothèse. C'est, en effet, sur les humanistes de

[1] Nagler (*Neues allgemeines Künstler-Lexikon*, t. XVII, 1847, p. 368) donne sans hésitation Tobias Stimmer comme le dessinateur des por-traits contenus dans l'édition bâloise.

On sait pertinemment que Stimmer fournit une partie des dessins du « Contrafactur Buch » de Reusner, publié à Strasbourg en 1587, avec cent trois portraits à mi-corps d'hommes cé-lèbres (Bartsch, *Le Peintre graveur*, t. IX, p. 349).

troisième ou de quatrième ordre que porta principalement l'élimina-
tion. Je ne relèverai, parmi les notabilités qui manquent, qu'Érasme.
Mais son portrait était trop répandu de ce côté des monts pour que
l'éditeur bâlois jugeât nécessaire de le reproduire à nouveau.

En outre, le dessinateur, sans doute pressé par le temps, sacrifia
tous les portraits composant la fin de la série des savants et des littérateurs.

L'édition illustrée des *Elogia* marque l'apogée de la réputation du
« Musæum Jovianum ».

Cependant, jusqu'à la fin du xvi⁰ siècle, il n'y eut guère d'étranger
de distinction qui passât par Côme sans aller admirer l'ensemble
auquel Paul Jove avait attaché son nom. En 1596 encore, le duc
Philippe de Poméranie l'examina avec le plus vif intérêt [1].

A peu d'années de là, au début du xviiᵉ siècle, la reconstruction
des « Ædes Jovianæ » entraîna la ruine ou la dispersion des fresques,
des médailles, des statues, ainsi que de la série indienne et améri-
caine [2].

Dans la suite, la collection fut scindée : une branche de la famille
reçut ce qui restait des portraits de littérateurs; l'autre, les portraits
des guerriers, avec quelques portraits de littérateurs qui s'étaient
glissés par erreur dans le lot.

Parmi les portraits qui subsistaient en 1780, on remarquait, au
témoignage du comte J.-B. Giovio, ceux de Molza, d'Alphonse II
d'Este, de François Pic de la Mirandole, du médecin Giov. Ma-
nudo, de Michel-Ange, de Léonard de Vinci, d'Andrea del Sarto,
de Valerio Vicentino, du musicien Battista Siciliano. Par contre, les
portraits de l'Arioste et d'Albert de Carpi avaient disparu.

Il y a une vingtaine d'années, en 1880, les débris du « Musæum
Jovianum » se trouvaient, les uns, en la possession de la branche

---

[1] Schmarsow, *Melozzo da Forli,* p. 239. — [2] Boldonius (*Larius;* préface datée de 1616)
parle du remaniement comme d'un fait accompli. Voir ci-après le texte de ce document.

aînée, représentée par le marquis Giorgio Raimondi Orchi et
M. Pietro Novelli; les autres, en celle de la branche cadette, représentée par les Giovio. Ce sont les premiers qui vendirent au prince
Napoléon Bonaparte le portrait de Cosme de Médicis, par le Bronzino;
ce sont eux qui possèdent le portrait de Christophe Colomb [1].

Les dissentiments entre les deux branches de la famille rendent
malheureusement fort délicate toute enquête sur la nature de ces
épaves [2].

IV

Après l'historique du « Musæum Jovianum », étudions-en la com-
position même.

La collection était classée en quatre sections : 1° les savants et les
poètes décédés; 2° les savants et les littérateurs vivants; 3° les artistes;
4° les souverains pontifes, rois, généraux, etc.

Voici, au surplus, le classement même indiqué par Jove :

« Imagines, veros clarorum virorum vultus in tabulis pictis exprimentes, quas
pertinaci multorum annorum studio, sumptuosaque, ac ob id prope insana curiositate, toto fere terrarum orbe perquisitas in Musæo dedicavimus, quatuor omnino
classibus distinguuntur :

Prima eorum est qui fato functi, quum ingenii fœcunditate floruerint, felicium
operum monumenta posteris reliquerunt.

Secunda classis horum erit, qui hodie vivunt, et publicatis ingenii dotibus, illustri
fama, tanquam certissimo vigiliarum fructu perfruuntur.

Tertia porro classis præcellentium operum artifices excipiet. Hæc perjucundo
libello explicabitur, quum præter picturæ, cælaturæque decus, ex certis nobilium

---

[1] Jorrins, dans le *Congrès international des Américanistes*, 1890, p. 260-261.

[2] Charles Yriarte a retrouvé, chez les membres de la famille, plusieurs portraits intéressants (*Autour des Borgia*, p. 101). Voir éga-
lement la monographie de M. Cian : *Gioviana*,
p. 77 (extr. du *Giornale storico della Letteratura
italiana*, 1891). — M. Frey s'est donc trompé
en affirmant que la collection de Paul Jove a
été complètement dispersée. D'après lui, une
grande quantité de portraits serait entrée dans
la collection des Médicis. Ce savant incline,
en outre, à croire que bon nombre de gravures de Vasari dérivent des portraits réunis
par Jove (*Il Codice Magliabechiano XVII; 17;
p. LXXI*).

4

artificum monumentis demonstratum, facetissimorum etiam hominum, qui dictis
aut scriptis excitato risu, ægrorum animorum curas allevarint, memoria renovetur.

Quarta erit maximorum Pontificum, Regum et Ducum, qui pace et bello gloriam
consecuti, præclara ingentium facinorum exempla imitanda, aut vitanda posteris
tradiderunt. »

A la mort de Jove, les deux premières sections comprenaient plus
de deux cents portraits, et la quatrième près de cent cinquante. Quant
à la troisième, comme le catalogue n'en a pas été publié, nous en
sommes réduits à quelques indications fort précaires. Nous savons
toutefois, par la lettre du comte Giovio (1780), reproduite ci-après,
qu'on y voyait les portraits de Michel-Ange, de Léonard de Vinci,
d'Andrea del Sarto, de Valerio Belli et du musicien Battista Siciliano.

Après l'enquête à laquelle je viens de me livrer, il n'est plus permis
de recourir aux gravures des *Elogia* toutes les fois que l'on a la res-
source de consulter directement des documents plus dignes de foi.
Ces documents, par bonheur, sont relativement nombreux, et, main-
tenant que l'éveil est donné, nul doute que les iconographes ne par-
viennent rapidement à reconstituer l'important ensemble auquel reste
attaché le nom de « Musæum Jovianum ».

Mais les taches ne doivent pas nous faire oublier l'importance de
cette collection, qui renfermait les seuls portraits authentiques de
Christophe Colomb, de César Borgia, de tant de sultans ou d'autres
princes orientaux, de tant de littérateurs ou de tant de capitaines.

Si je ne m'abuse, une des nouveautés de mon essai sera le rapprochement entre les portraits de la collection Jove et les copies qui
existent encore au Musée des Offices. Il m'a été possible ainsi, pour
ceux des portraits qui ont disparu, de recourir du moins à des
répliques qui les reproduisent avec une exactitude relative, et, en
tout cas, avec infiniment plus de précision que les portraits de l'édition bâloise des *Elogia*.

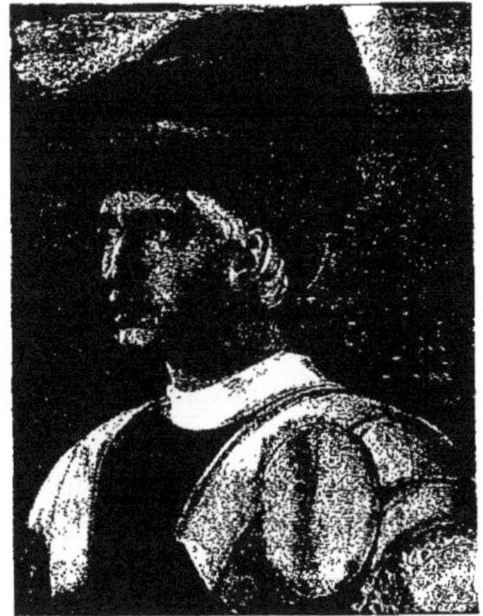

Farinata degli Uberti.
Peinture originale d'Andrea del Castagno.
(Couvent de Sainte-Apollonie à Florence.)

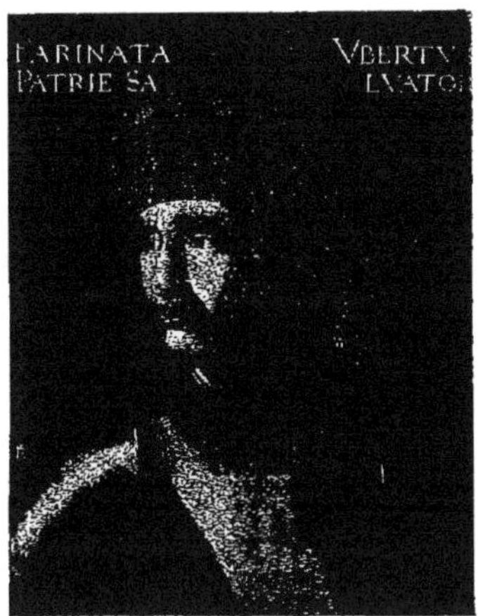

Farinata degli Uberti.
Copie exécutée d'après la copie du musée de Jove.
(Musée des Offices.)

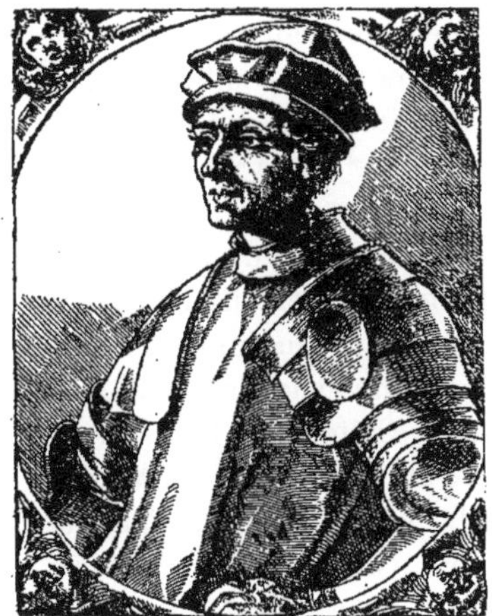

Farinata degli Uberti.
Gravure exécutée d'après la copie du musée de Jove. (Édition bâloise de 1577.)

4.

A

LES PORTRAITS DE LITTÉRATEURS ET DE SAVANTS.

Pour les littérateurs et les savants, Jove n'indique qu'exceptionnellement la provenance des portraits. Par contre, il mentionne d'ordinaire le lieu de sépulture. Pour ceux dont il ne possède pas les portraits et qu'il énumère à la fin des *Éloges*, il ne décrit pas non plus la sépulture, ce qui tend bien à prouver qu'il mettait surtout à contribution les effigies sépulcrales.

Dans cette série, la galerie des portraits des morts était complétée par une série de portraits de vivants, à savoir : Bembo, Battista Egnazio, J. Sadolet, G. Trissin, J. Fracastor, H. Vida, G.-P. Valeriano, Romolo Amaseo, Alciat, M.-A. Flaminio, Ph. Mélanchthon, G. Vitali, Reginald Pole, Daniel Barbaro, Ant. Mirandola, Philander, Fasitelli et Basilio Zanchi (aucun de ces portraits n'est reproduit dans l'édition de Bâle). Cette dernière catégorie était classée par rang d'âge. Bembo (né en 1470) figurait en tête comme le doyen des vivants, et Zanchi (né vers 1501) à la fin, comme le plus jeune : « Imagines autem eo seriatim ordine sedem obtinent, ut dignitatem omnem, vel fortunæ, vel generis, ipse unus ætatis honos antecedat ».

A la fin de ses *Éloges,* Jove déclare qu'il lui a été impossible, malgré tous ses efforts, de se procurer les portraits de Maffeo Vegio, de G. Tortelli, de Fazio, de Guarino, de P. P. Vergerio, de Jac. Bracelli, de Valla, de Giov. Simoneta, de Bern. Giustiniani, de C. Persona, de Giorgio da Città di Castello, de R. Volterrano, d'Ant. Galateo, de Celio Rodigino, de Fabri, de Tilesio, d'Alcionio, de Pierre Martyr, d'Altilio, de Marcello Virgilio, de Jano Parrasio, de G. Sauromanus, de C. Calcagnini, d'A. Giustiniani, de Valturio, de Matteo Palmieri (il existe cependant une médaille de ce personnage), de Jac. Angeli, d'Hector Boezio, de Polydore Virgile, de Robert Gaguin (nous connaissons plusieurs miniatures qui le représentent[1]), de Marino Becichemo, de J. Ziegler, de Paul Émile, de Germain Brisse, de Nic. Tegrimo, de C. Ghilini, de Reuchlin, de Regiomontanus (Jean Müller), de L. Vives et de Cosimo de' Pazzi[2]. Ailleurs, parmi les Allemands dont les portraits lui manquent, il cite Jean Œcolampade, Zwingle, Pirkheimer, Beatus Rhenanus et beaucoup d'autres[3], donnant ainsi une preuve de son impartialité en matière de religion comme en matière de nationalité.

Jove adresse ensuite à ses amis de l'étranger, surtout aux évêques, un pressant appel pour qu'ils l'aident à compléter son musée... « Sed qua spe alienæ benignitatis munus expectaverim, quum hæc nostra cupiditas ad externorum imagines extendatur, nisi viros nobiles adjutent, honestisque votis arrideant. Rogabo itaque veteres patronos, in provinciis dignitate atque opibus procellentes..., ut hoc officium expedite ac liberaliter præstare velint. »

Comme il m'importait de savoir combien il restait au Musée des Offices de copies exécutées par l'Altissimo d'après les portraits des savants et des littérateurs réunis par Jove, j'ai prié le professeur Alarico Carli de vouloir bien faire à mon intention cette recherche. Mon savant correspondant n'a pu identifier qu'une vingtaine de ces copies. « Souvent même, m'écrit-il, les gravures (de l'édition bâloise des *Elogia*) diffèrent tellement des copies peintes, que l'on a peine à croire à l'identité de l'original représenté. En outre, presque toutes ces copies

[1] Voir *La Renaissance en Italie et en France au temps de Charles VIII*, p. 476.

[2] *Elogia*, p. 221.

[3] « Desiderantur autem a nobis multorum imagines, qui præclara, quum jampridem obierint, scriptorum testificatione ingeniorum suorum effigies famæ consecrarunt. Frustra enim eas, vel diligentissima vestigatione perquisivimus; sic tamen ut minimè desperemus viros elegantes huic honesto volo humaniter suffragaturos. Alii enim aut statuas, aut picturas publicis aut privatis in locis ostendent, aut turpiter apud propinquos neglectas, aut occultatas indicabunt. Quid enim in toto nobilis officii genere honestius esse poterit quam in Musæum quo publicus virtutis honos ad exemplum et voluptatem continetur, exoptatas imagines liberali pietate contulisse? » (Édition de 1577, p. 15 et suiv.)

ne donnent le buste que jusqu'au cou, sans le torse, les mains, les accessoires; ce qui ne complique pas médiocrement les identifications.

Il va sans dire que je n'ai pu faire identifier que celles des copies du Musée des Offices pour lesquelles les gravures des *Elogia* offrent un point de repère certain. Il s'en trouve assurément d'autres ayant la même origine, mais, faute d'éléments de comparaison, j'ai dû renoncer à en tenir compte.

I

LITTÉRATEURS ET SAVANTS DU MOYEN ÂGE.

ALBERT LE GRAND. Gravure[1] publiée dans l'édition bâloise des *Elogia*. — Copie au Musée des Offices, n° 549.

BALDO DEGLI UBALDI. Gravure publiée dans l'édition bâloise des *Elogia*. — Copie au Musée des Offices, n° 567. — Réplique avec des variantes, au Musée de Vienne. Kenner : *Jahrbuch der Kunsthistorischen Sammlungen des A. Kaiserhauses;* 1897, p. 193.

On connaît deux médailles représentant Balde, mais ce sont des médailles de restitution. (Armand, *Les Médailleurs italiens des xv*e *et xvi*e *siècles,* t. II, p. 15; t. III, p. 154, 156.)

BARTHOLUS. Gravure dans l'édition bâloise des *Elogia*.

La collection du duc Cosme I*er* de Médicis renfermait, en 1568, un portrait de Bartolo, probablement copié sur celui du « Musæum Jovianum ».

BOCCACE. La gravure manque.

Jove avait fait copier la statue de marbre qui ornait le tombeau du poète à Certaldo. — La collection de Cosme I*er* de Médicis renfermait, en 1568, un portrait de Boccace, probablement copié sur celui de la collection Jove. — « Sepulchrum ejus cum marmorea effigie insculptis his carminibus in templo maximo Certaldi

---

[1] Le mot *gravure,* tout court, indique que le portrait est reproduit dans l'édition bâloise des *Elogia.*

conspicitur » (*Elogia*). Le tombeau existe encore (Marcotti, *Guide-souvenir de Florence et pays environnants;* Florence, p. 313).

DANTE. Gravure dans l'édition bâloise des *Elogia*. — Le portrait du Musée des Offices (n° 553) diffère; le poète s'y montre de profil. — Réplique, plus ou moins indirecte, à Vienne. Kenner : *Jahrbuch*, 1897, p. 221-222.

PÉTRARQUE. Gravure dans l'édition bâloise des *Elogia*. — Copie au Musée des Offices, n° 557. — Copie en contre-partie à Vienne. Kenner : 1897, p. 239-240.

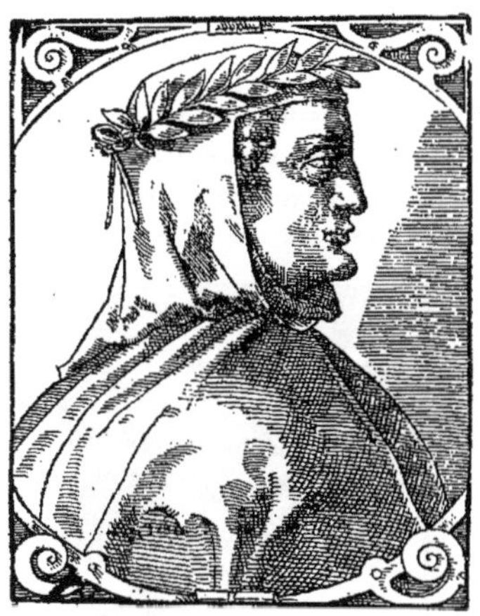

Pétrarque. (Gravure de l'édition bâloise de 1577.)

Un portrait de Pétrarque, d'après une miniature, a été publié par le R. P. Cozza Luzzi; un autre par M. de Nolhac, dans la *Gazette des Beaux-Arts*, 1890, t. I, p. 165, et dans *Pétrarque et l'Humanisme*. Voir, sur l'iconographie du poète, l'excursus du même volume, p. 376-383.

SCOT (Jean). La gravure manque dans l'édition bâloise des *Elogia*.

La collection du duc Cosme Ier de Médicis renfermait, en 1568, un portrait de Scot, probablement copié sur celui de la collection Jove.

Saint-Thomas d'Aquin. La gravure manque.

La collection du duc Cosme Ier de Médicis renfermait, en 1568, un portrait de saint Thomas, probablement copié sur celui de la collection Jove.

II

HUMANISTES GRECS.

Antonio da Lebrissa, mort en 1532. Gravure dans l'édition bàloise des *Elogia*.

Argyropoulos. Gravure.

Le cardinal Bessarion. Gravure. — Copie au Musée des Offices, n° 356.

« Funus autem Romæ celebratum in templo Apostolorum, ubi marmoreum tumulum vivens sibi cum hac græca inscriptione extruxerat... » — Un autre portrait de Bessarion se trouvait dans la collection de Fulvio Orsini (De Nolhac, *La Bibliothèque de Fulvio Orsini*, p. 33).

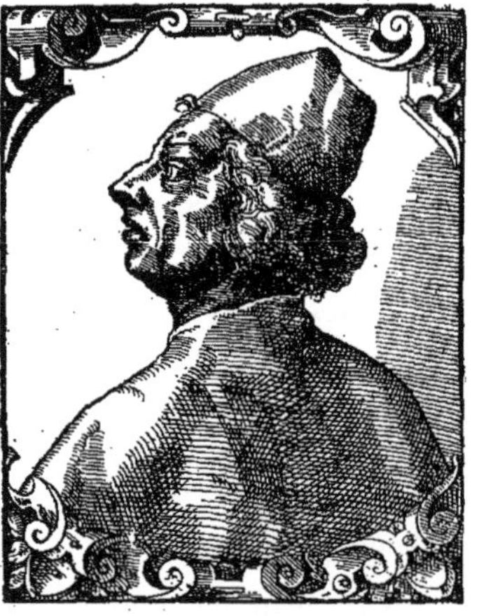

Chalcondylas. (Gravuré de l'édition bàloise de 1577.)

Chalcondylas (Demetrius). Gravure. — Copie au Musée des Offices, n° 580.

Le tableau de la collection Jove avait été exécuté d'après la fresque de Dómenico Ghirlandajo, dans l'église Sainte-Marie-Nouvelle de Florence : *Zacharie frappé de mutisme* (groupe de gauche; le premier personnage à la droite du groupe).

CHRYSOLORAS (Emmanuel). Gravure dans l'édition bâloise des *Elogia*.

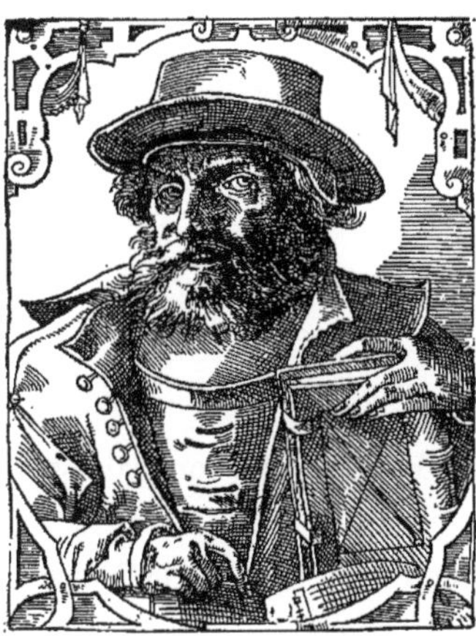

Emmanuel Chrysoloras.
(Gravure de l'édition bâloise de 1577.)

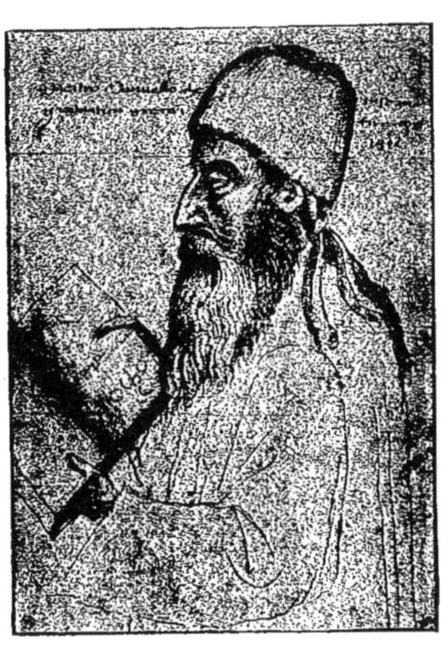

Emmanuel Chrysoloras.
(Dessin du Musée du Louvre.)
D'après la publication de M. Omont.

« La gravure sur bois des *Elogia Virorum literis illustrium* de Paul Jove (Bâle, 1577, p. 28) représente Chrysoloras, en buste, de face, tourné un peu vers la gauche; il est coiffé d'un chapeau et tient un livre fermé, de la main gauche. Il existe de ce portrait une réduction gravée sur cuivre, de format petit in-8°, mais Chrysoloras y tient son livre fermé, de la main droite. Dans une dernière réduction, également sur cuivre et de format in-12, le livre a disparu. Le portrait qui se trouve dans l'*Histoire du Concile de Pise* du P. Jacques Lenfant (1724, in-4°; t. II, p. 184) est gravé sur cuivre; Chrysoloras y est figuré dans un encadrement ovale, en buste, tourné vers la droite, de profil et complètement imberbe. Il existe une copie de

5

cette estampe, de mêmes dimensions, mais retournée; elle a été reproduite pour la notice de M. le comte Zeppelin. On peut signaler aussi de Manuel Chrysoloras une autre gravure sur cuivre, de format petit in-4°, dans l'*Académie des sciences et des arts* d'Isaac Bullart (1682, in-fol.; t. I, p. 265). » (Omont, *Note sur un portrait de Manuel Chrysoloras conservé au Musée du Louvre.*—Extrait de la *Revue des Études grecques.*)

GAZA (Théodore). Gravure. — Copie au Musée des Offices, n° 583.

Georges DE TRÉBISONDE. Gravure.

LASCARIS (Jean). Gravure. — Copie au Musée des Offices, n° 587.

MARULLUS (Michel). Gravure. — Copie au Musée des Offices, n° 699.

MUSURUS (Marc). Gravure.

III

LITTÉRATEURS ET SAVANTS DE LA RENAISSANCE.

ACCIAJUOLI (Donato). La gravure manque dans l'édition bâloise des *Elogia*.

« Donati ossa, ad vetustum gentis sepulchrum Florentiam relata: id Carthusiano in templo, hoc epigrammate inscripto legentibus indicatur... »

ACHILLINI (Al.). Gravure dans l'édition bâloise des *Elogia*.

ACQUAVIVA (Andrea-Matteo). La gravure manque dans l'édition bâloise des *Elogia*.

AGRICOLA (Rod.). Gravure.

ALBERTI (L.-B.). Gravure. — Copie au Musée des Offices, n° 516. (Le personnage y est vu de trois quarts.)

ALEANDER (Jérôme). La gravure manque dans l'édition bâloise des *Elogia*.

AMBROISE LE CAMALDULE. La gravure manque dans l'édition bâloise des *Elogia*.

AMMANATI (Le cardinal). La gravure manque dans l'édition de Bâle.

ARÉTIN (Léonard L'). Voir Bruni.

ARÉTIN (Pierre L').

L'on s'explique d'autant moins comment le portrait de ce correspondant assidu de Paul Jove manquait dans le « Musæum », que les effigies peintes ou sculptées du fameux pamphlétaire étaient innombrables (voir Pierre Gauthiez, *L'Arétin*, p. 105). Mais il y a plus : dans une lettre écrite à l'Arétin par Jove, celui-ci demande formellement à son correspondant de lui envoyer, ne fût-ce qu'une esquisse coloriée de son portrait : « Ma perchè il pittore non seppe cavare a mio gusto l'effigie votra dalla medaglia che mi donaste, desidererei d'averne uno schizzo di colori, se bén di pastelli, e piccolo di mezzo foglio, se non in tela; da un qualche terzuolo del Sig. Tiziano, acciocchè al sacro museo si vegga la propria effigie, e non trasformata in un peregrino romeo. E di grazia tenetemi in grazïssima (*sic*) del signor compar Tiziano. Bene valete, ec. Di Roma, alli 11 di marzo, 1545 [1]. » Dans la lettre du comte Giovio à Tiraboschi (reproduite à l'Appendice), il est aussi question du portrait de l'Arétin comme faisant partie du « Musæum Jovianum ».

L'ARIOSTE. Gravure. — Copie en contre-partie au Musée des Offices, n° 711. — Copie en contre-partie à Vienne. Kenner : 1897, p. 190.

ARSILLI (Francesco). La gravure manque dans l'édition de Bâle.

AUGURELLO (Giov.-Aurelio). La gravure manque dans l'édition bâloise.

« Depicta tumulo effigies, cui hoc ipse carmen subscripserat... »

BARBARO (Ermolao). Gravure.

La collection de Cosme Ier de Médicis renfermait, dès 1568, un portrait de

[1] Bottari et Ticozzi, *Raccolta di Lettere sulla pittura, scultura ed architettura;* Milan, 1822; t. V, p. 232-233.

Barbaro, identique, selon toutes les probabilités, à celui qui figure aujourd'hui encore à la Galerie des Offices.

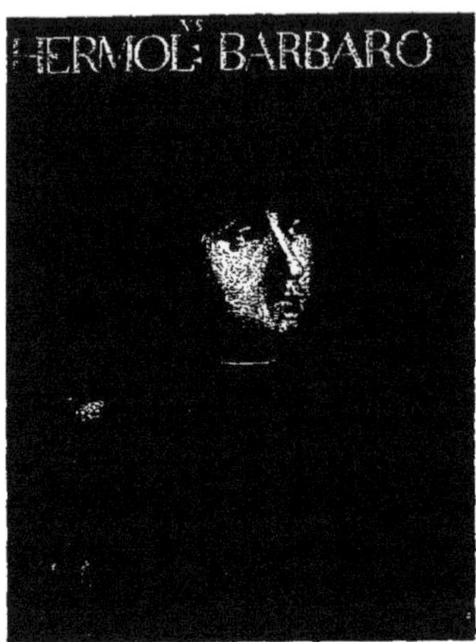

Copie (peinte) du portrait d'Ermolao Barbaro.
(Musée des Offices.) Cliché de MM. Alinari.

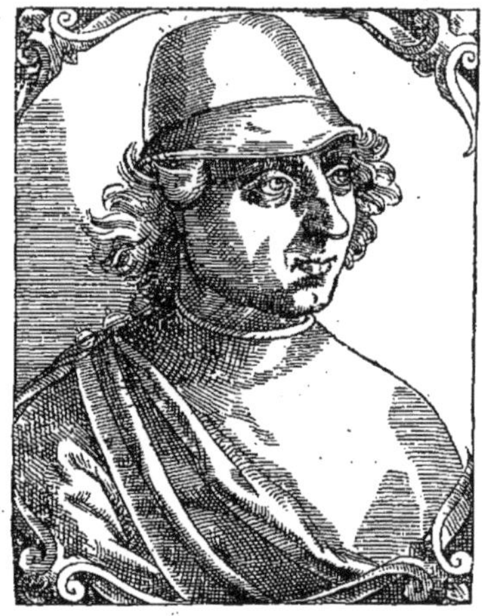

Copie (gravée) du portrait d'Ermolao Barbaro.
(Édition de Bâle.)

BECCADELLI (Antonio) de Palerme. La gravure manque dans l'édition de Bâle.

BEROALDO (Filippo). La gravure manque dans l'édition de Bâle.

BIBBIENA (Bernardo Dovizio DA). La gravure manque dans l'édition de Bâle.

Peut-être le portrait original de la collection Jove procédait-il du portrait peint par Raphaël (au palais Pitti). — La collection de Cosme Ier de Médicis renfermait, en 1568, un portrait de Bibbiena.

BIONDO (Flavio). Gravure.

BRUNI (Léonard d'Arezzo). Gravure. — Copie au Musée des Offices, n° 693.

Le portrait a pour base la statue funéraire de l'église Santa Croce, à Florence, un des chefs-d'œuvre de Bernardo Rossellino.

Budé (Guillaume). Gravure.

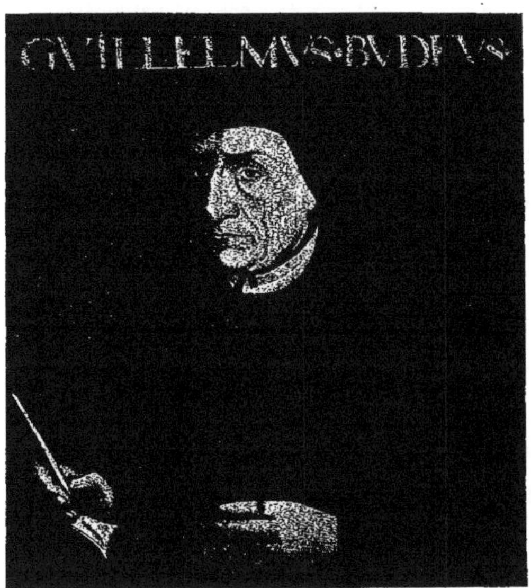

Guillaume Budé. (Peinture du Musée de Versailles.)
Cliché tiré du volume de MM. de Nolhac et Pérat : *Le Musée national de Versailles* (Braun, Clément et Cie, éditeurs).

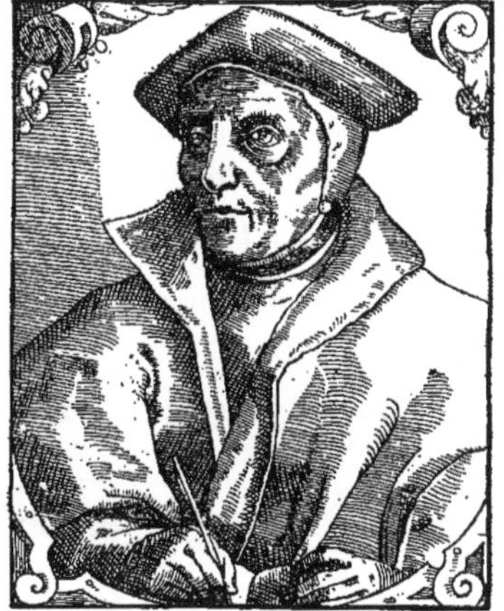

Guillaume Budé.
(Gravure de l'édition bâloise.)

Le portrait de Budé, au Musée de Versailles, est identique à celui de la collection Paul Jove. (Communication de M. Valton.) L'on n'a, pour s'en convaincre, qu'à comparer à la gravure de l'édition bâloise la planche publiée dans le volume de MM. de Nolhac et Pérat : *Le Musée national de Versailles* (Paris, Braun, 1896, p. 50). Le catalogue de Soulié attribuait ce portrait à Sigismond Holbein (*Notice du Musée national de Versailles*, 1881, n° 3162). Mais MM. de Nolhac et Pérat ont fait justice de cette attribution : ils ont montré qu'il s'agit d'une œuvre française.

Buonaccorsi (Filippo). — Voir Callimachus.

Calderini (Domizio). Gravure dans l'édition de Bâle.

Calenzio (Elisio). La gravure manque dans l'édition de Bâle.

« Callimachus experiens. » (Filippo Buonaccorsi). Gravure.

« ... Albertus ... pietatis ergo, Cracoviæ in æde Trinitatis æreo sepulchro honestandum curavit. » — Il existait, dans le *Musæum Mazzuchellianum*, une médaille de Callimachus. Voir Armand, *Les Médailleurs italiens des xve et xvie siècles*.

Campano (Antonio). Gravure.

Casanova (M.-A.). Gravure.

Castiglione (Bald.). La gravure manque dans l'édition de Bâle. — Ce portrait figure parmi ceux que l'Altissimo copia en 1556 pour Cosme de Médicis.

Cattaneo (G.-M.). Gravure.

Celio (Lodovico). La gravure manque dans l'édition bâloise des *Elogia.*

Cocles (Bartholomæus). La gravure manque.

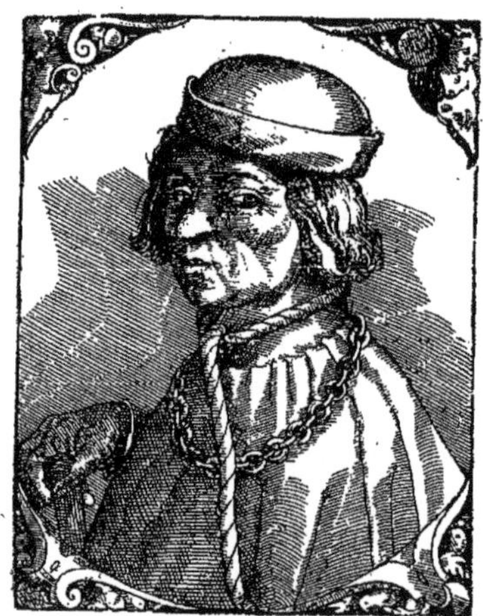

Pandolfo Collenuccio.
(Gravure de l'édition bâloise, de 1577.)

Collenuccio (Pandolfo). Gravure.

Contarini (Le cardinal Gaspard). Gravure. — Copie au Musée des
Offices, n° 567.

Corio (Bernardino). La gravure manque dans l'édition de Bâle.

Nous pouvons nous dédommager en consultant la belle gravure placée en tête de
l'*Histoire de Milan* de Corio (reproduite dans mon *Histoire de l'Art pendant la Renaissance*, t. II, p. 304).

Corneille Agrippa. Gravure.

Corti (Lancino). La gravure manque.

« Moriens de sepulchro sibi cavit, quod in templo divi Marci, extra Beatricem
portam, cum vera effigie et hoc carmine spectatur . . . . . »

Cotta (Giovanni). La gravure manque dans l'édition de Bâle.

Crinito (Pietro). La gravure manque.

Decembrio (Pietro Candido). La gravure manque.

Jove semble avoir fait copier la statue funéraire conservée dans la basilique de
Saint-Ambroise à Milan : « Meruitque marmoreum sepulchrum, cum effigie e sug-
gestu juventutem docentis, quod in vestibulo Ambrosianæ basilicæ, ad lævam
introeuntibus, occurrit... »

Decio (Filippo). Gravure. — Copie à Vienne (en sens inverse).
Kenner : 1897, p. 224-225.

« Delatusque est Pisas ad sepulchrum marmoreum, magno sumptu ab se in
maximi templi fronte constitutum, inscriptione adeo inepta, ut si eam suppona-
mus, elegantibus ingeniis, non sine pudore boni mortui, ridenda videatur. »

Donato (Girolamo). Gravure.

Egidio de Viterbe (Le cardinal) (1470-1532). La gravure manque
dans l'édition bâloise.

Érasme. La gravure manque dans l'édition bâloise.

Ficin (Marsile). Gravure. — Copie au Musée des Offices, n° 585. —
    Musée de Vienne (en sens inverse). Kenner : 1897, p. 227. —
    Procède, d'après une communication dont je suis redevable à
    l'obligeance de M. Prosper Valton, de la fresque de Domenico

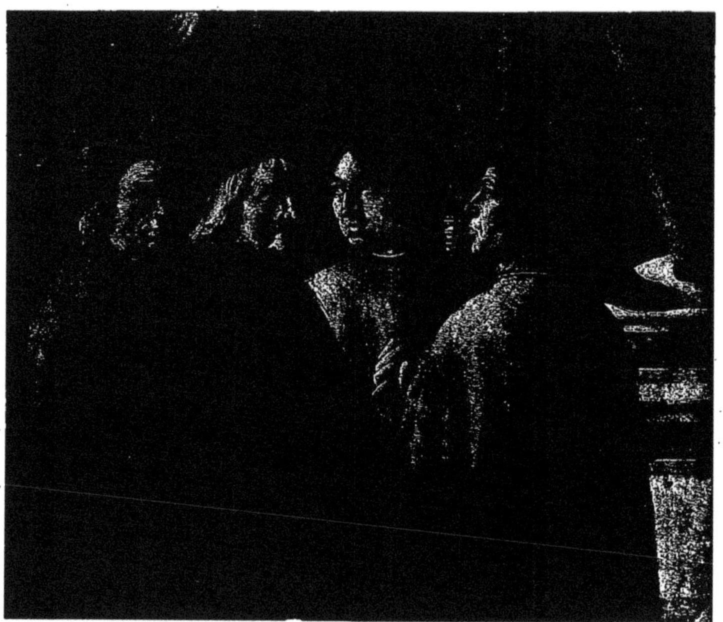

Portraits de Marsile Ficin, de Cristoforo Landini, de Politien et de Demetrius Chalcondylas,
par Dom. Ghirlandajo. (Fresque de l'église Sainte-Marie-Nouvelle à Florence.)

Ghirlandajo, dans l'église Sainte-Marie-Nouvelle de Florence (*Zacharie frappé de mutisme,* groupe de gauche; Ficin y est représenté
en sens inverse).

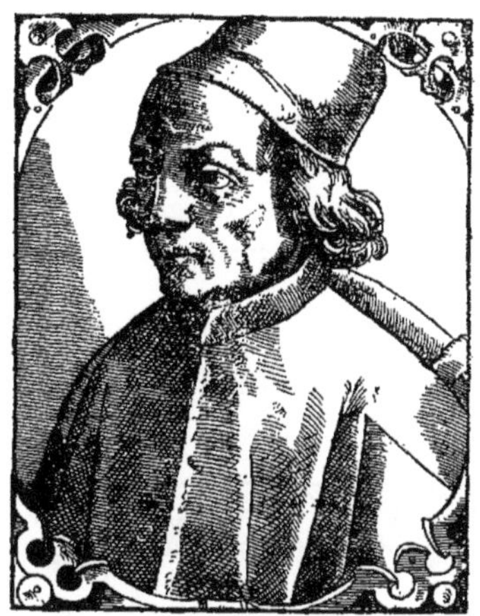

Marsile Ficin.
(Gravure de l'édition bâloise de 1577.)

FISCHER (Le cardinal). Gravure. (D'après Holbein?)

GAURICO (Pompeo). Gravure.

GIOVIO. Voir JOVE.

GRAPALDO (Fr. Maria). La gravure manque dans l'édition de Bâle

GRAVINA (Pietro). La gravure manque.

GREGORIO DA TIFERNO. Pas de gravure dans l'édition bâloise des
  Elogia.

GRIMANI (Le cardinal Domenico). Ce portrait figure sur la liste de
  ceux que l'Altissimo copia en 1556 pour Cosme de Médicis. Il

6

semble être entré dans la collection de Jove postérieurement à la rédaction des *Elogia*.

GUARINO DE VÉRONE. Pas de gravure dans l'édition de Bâle.

GUERNO (Camillo), « archipoeta ». La gravure manque. — Voir, sur ce personnage, Roscoe, *Vita e Pontificato di Leone X*, t. VII, p. 204, 337 ; éd. de Milan.

JOVE (Benedetto). Gravure dans l'édition bâloise.

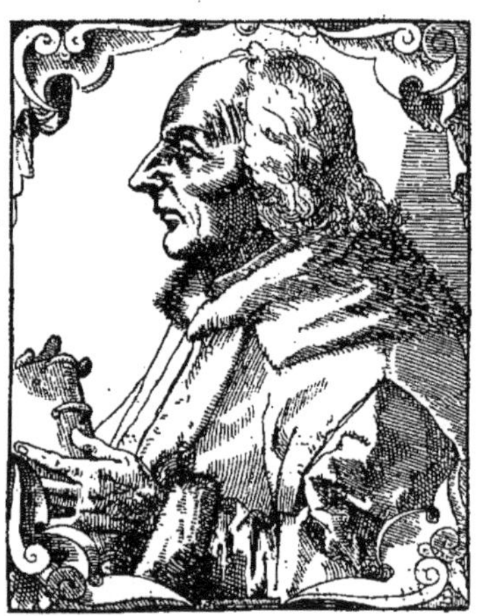

Benedetto Giovio.
(Gravure de l'édition bâloise de 1577.)

JOVE (Paul). Gravure (reproduite ci-dessus). Sur la médaille de Jove, voir Kenner : *Jahrbuch,* 1898, p. 146.

LAMPREDI (Benedetto). Pas de gravure.

Lefebvre d'Étaples (Jacques). Pas de gravure.

Leoni (Pietro). Gravure.

Leoniceno (Niccolò). Gravure.

Leto (Pomponio). Gravure.

Limacre (Thomas). Pas de gravure.

Longolio (Cristoforo). Gravure.

Lorenzini (Lorenzo). Pas de gravure.

Machiavel (Nic.). Gravure. — Copie au Musée des Offices, n° 709.

Ce portrait, de profil, offre de l'intérêt en ce sens qu'il permet d'identifier le buste si connu du Musée national de Florence. Dans les derniers temps, un savant critique allemand, M. Bode, a en effet soutenu que le buste en question ne représentait pas Machiavel. Or les analogies entre la peinture et le marbre sont saisissantes : même menton en retraite, même nez busqué, même chevelure en désordre. L'attribution se change en certitude quand on compare le buste avec le portrait gravé en tête de *Tutte le Opere di Nicolo Machiavelli*, édition de 1550 (collection de M. Valton), ainsi qu'avec une gravure sur bois du Cabinet des Estampes de Paris (Réserve E *a* 3). — La galerie Doria à Rome renferme un portrait de Machiavel, attribué au Bronzino, de profil, tourné à gauche, avec l'inscription *Nicolaus Machiavellus* (sic) *historiar. scriptor* (Braun, photogr., n° 166), et concordant de tous points avec le portrait du « Musæum Jovianum ». — A la fin des *Discours de N. Machiavel*, imprimés à Paris par Estienne Groulleau, en 1559, on voit une figure imberbe, avec le menton fortement en retraite, non sans analogies avec le prétendu portrait de l'Arétin (Bibliothèque de l'École des beaux-arts, collection Wasset). — M. Armand décrit, de son côté, une médaille de Machiavel « offrant le buste, à droite, d'un homme sans barbe, la tête rasée (?), avec une couronne de cheveux, vêtu d'une robe. L'inscription est tracée à la pointe et laisse des doutes sur l'identité du personnage. Collection Thibaudeau [1] ».

[1] Armand, *Les Médailleurs italiens*; Paris, 1883, t. III, p. 192. — Voir aussi mon *Histoire de l'Art pendant la Renaissance*, t. II, p. 209.

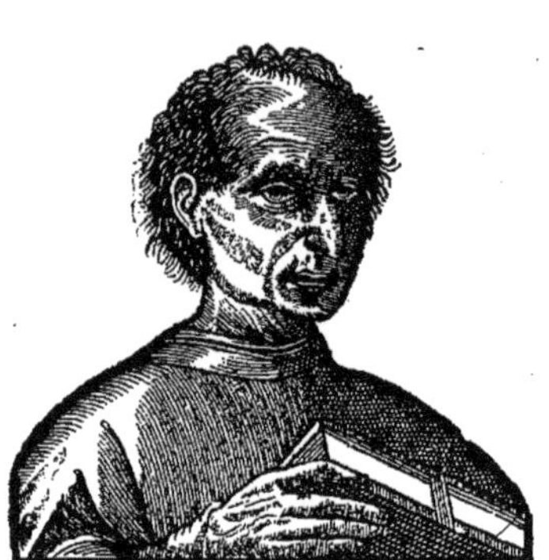

Machiavel.
(Gravure d'une édition de 1550.)

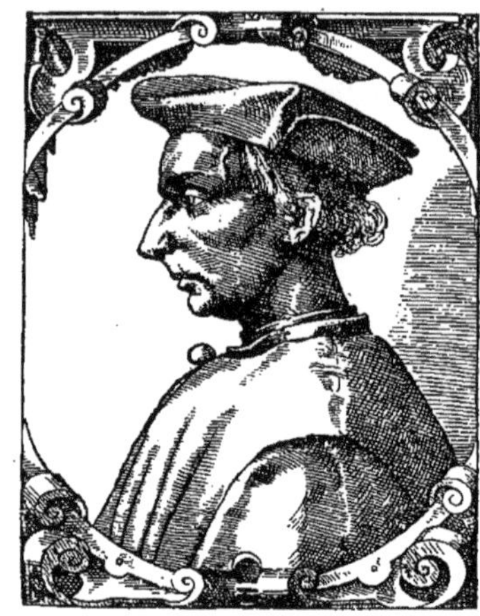

Machiavel.
(Gravure de l'édition bâloise de 1577.)

Maffei de Volterra (Raphaël). La gravure manque.

Maino (Giasone del). Gravure. — Réplique, avec des variantes, à Vienne. Kenner : 1897, p. 232-233.

Manardi (Giovanni). Gravure.

Mantovano (Battista), général des Carmélites, surnommé *Spagnuoli*. Gravure. — Le portrait du Musée de Vienne est différent. Kenner : *Jahrbuch*, 1897, p. 197.

Un buste en bronze de Battista Mantovano (attribué à G. M. Cavalli) se trouve au Musée de Berlin (Bode, *Handbücher der königlichen Museen zu Berlin : Die italienische Plastik*; Berlin, 1891, p. 123-124). Une figure en bois à mi-corps est exposée à la Bibliothèque de Mantoue. — « Federicus autem princeps marmoream effigiem cum laurca posuit, quæ in arcu lapideo juxta Virgilii Maronis simulacrum, pia hercle, si non ridenda comparatione, conspicitur » (*Elogia*). — « Honorandissime Messer Mario. Perchè la liberalità non si conosce manco in richiedere che in dare, io ardirò di repetere la già donata a me da Vra. umanità, la effigie

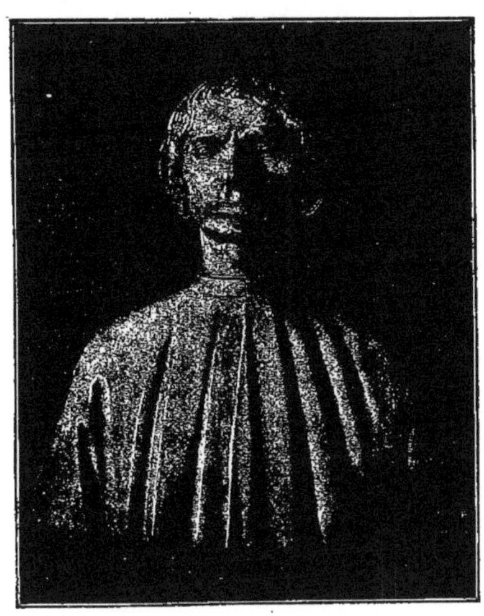

Machiavel.
Buste du Musée national de Florence.
(Cliché prêté par MM. Hachette et Cie.)

del poeta Carmelita; e perchè io richiesi la vostra per mano del Costa, non la voglio prima ch'io non vi mandi la mia, qual mi ricercaste in una vostra legiadra lettera. Imperò non vogli che pensiate di collocarla in publico Museo vostro avanti che la Istoria mia non esca; qual faccia testimonio che in tutto non sia poltrone nelle bone lettere. Adesso qua in Venezia assai ocioso acconcio el primo libro, ove si cotengano le immortale prove del Vostro Re liberali e valenti, el Marchese Francesco, nel quale vedrete chiaramente quello che dirassi in breve del presente Federico, Patrone de' virtuosi, alla cui Excellentia dignative di raccomandarmi. — Da Venezia all' ultimo Febbraio 1543. — El Servitor vostro Paulo Iovio. » (Lettre de Jove à Mario Equicola : Gaye, *Carteggio inedito d'Artisti dei secoli xiv, xv, xvi;* Florence, 1840, t. II, p. 310-311.) — Sur le portrait de Battista Mantovano, voir ci-dessus, p. 231, note 2.

Marone (Andrea). Pas de gravure.

Marzio (Galeotto). Pas de gravure.

« Erat enim Galeottus usque adeo tumenti abdomine, ut quum sub vasto obesi corporis pondere, vel prægrandria jumenta fatiscerent, rheda curuli veheretur. »

Médicis (Laurent de). — Voir, plus loin, la section consacrée aux Médicis.

Mélanchthon (Philippe). Ce portrait figure sur la liste de ceux que l'Altissimo copia en 1556 pour Cosme de Médicis. Il est peut-être entré dans la collection postérieurement à la rédaction des *Elogia*.

Merula (G.). Pas de gravure.

Mirandole (Pic de la). Gravure. — Copie au Musée des Offices, n° 707. — Copie à Vienne. Kenner : 1897, p. 245-246.

La peinture du « Musæum Jovianum » semble procéder de la médaille. — M. Vasnier, à Paris, possède un portrait sur panneau reproduisant presque textuellement la gravure des *Elogia*. Peut-être est-ce l'exemplaire même de la collection de Paul Jove. Le visage a malheureusement été retouché.

Mirandole (Jean-François Pic de la). La gravure manque dans l'édition bâloise.

Molza (Francesco Maria). Gravure.

Morus (Thomas). Gravure. — Copie au Musée des Offices, n° 714 (le manteau est plus ouvert; au cou une chaîne avec la Toison d'or). Procède d'un portrait de Holbein.

Navagero (Andrea). Là gravure manque dans l'édition bâloise.

Nifo (Agostino). La gravure manque dans l'édition bâloise.

« Sed vel toto ore subagresti, et penitus infaceto ita se ad urbanos jocos componebat, ut valde mirarentur, qui mox tacentis supercilium austeraque labra et lineamenta conspicerent. »

Pazzi (Cosimo). — N'a pas été reproduit dans l'édition de Bâle.

PEROTTI (Nicco ò). Gravure.

PHILELPHE (Fr.). Gravure. — Peut-être le peintre employé par Jove a-t-il mis à contribution la médaille décrite par M. Armand (*Les Médailleurs italiens*, t. I, p. 56).

PIGHIUS (Albertus), Flamand. — Pas de gravure dans l'édition bâloise des *Elogia*.

PIO DE CARPI (Alberto). Pas de gravure dans l'édition bâloise. — La statue funéraire se trouve au Musée du Louvre.

« Rodolfus Pius fratris filius, quem aliquanto post Paulus Pontifex eximiæ virtutis merito legit in Senatum, condito æneo sepulchro patrui memoriam prosecutus est. »

PIO (Battista). La gravure manque.

PLATINA. Gravure. — Copie au Musée des Offices, n° 579 (tourné à gauche).

« Sepulchro autem, quod a læva ad tertiam columnam conspicitur, hoc epitaphium ab alumno Demetrio inscribi jussit, quum et hæc quoque carmina amici lugentes affixissent... »

M. Schmarsow doute que le portrait de Platina se rattache à la fresque de Melozzo da Forli et le trouve plus jeune (*Melozzo da Forli*, p. 241). Mais, à mon avis, l'identité des deux effigies ne saurait être contestée. Seulement le dessinateur et le graveur employés par Perna en ont pris terriblement à leur aise! Quelle altération dans la physionomie!

POGGE (Le). Gravure.

L'inventaire des portraits appartenant au duc Cosme Ier de Médicis (1568) mentionne un portrait du Pogge. — On sait que l'authenticité de la statue de Donatello, qui passe pour représenter, au dôme de Florence, l'auteur des *Facetiæ*, a été révoquée en doute de nos jours, sous prétexte que celui-ci ne s'est fixé à Florence qu'en 1453. Mais, ainsi que je l'ai montré ailleurs (*Histoire de l'Art pendant la Renaissance*, t. I, p. 519), le Pogge a fait de nombreux séjours dans sa ville natale avant d'y retourner définitivement.

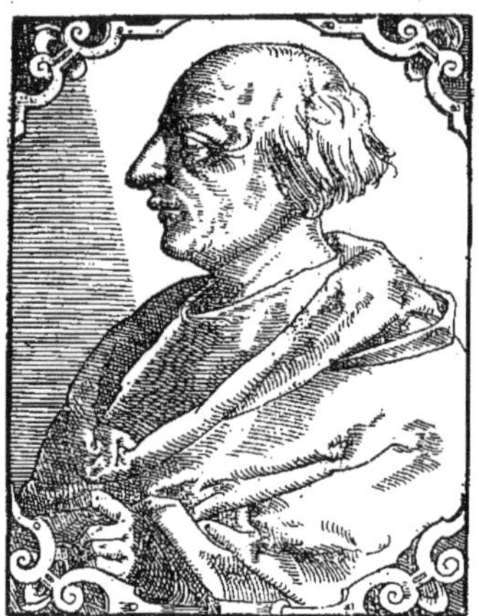

Le Pogge.
(Gravure de l'édition bâloise de 1577.)

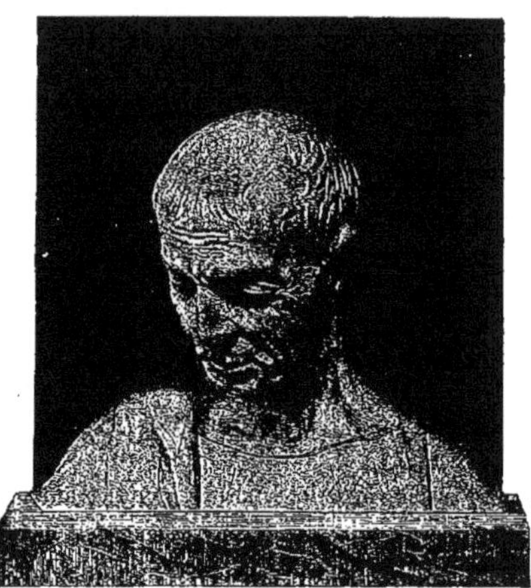

Le Pogge. Portrait supposé. D'après la statue de Donatello.
(Cathédrale de Florence.)
Cliché prêté par MM. Hachette et Cⁱᵉ.

POLITIEN. Gravure. — Copie au Musée des Offices, n° 705.

« Erat distortis sæpe moribus uti facie nequaquam ingenua, et liberali, ab enormi præsertim naso, subluscoque oculo per absurda, ingenio autem astuto, aculeato, occulteque livido quum aliena semper irrideret, nec sua, vel non iniquo judicio expungi pateretur. » — La peinture de la collection Jove semble reproduire la fresque de Domenico Ghirlandajo dans l'église Sainte-Marie-Nouvelle à Florence (*Zacharie frappé de mutisme*; groupe de gauche; voir la gravure placée à l'article Ficin).

POMPONACE (Pierre). Gravure.

PONTANO (Gioviano). Gravure. — Copie au Musée des Offices, n° 763. — Un portrait peint de « Joannes Jovianus Pont... », dans la même attitude que sur la gravure de Paul Jove, fait partie de la collection de M. le Président Georges Girard, 2, rue Ponchet, à Rouen (Toile. H. o m. 53. — L. o m. 40).

« Tumulatus est in sacello ab se sepulchri causa extructo e regione Davalorum domus, ubi Elogium ab se compositum in marmorea tabula spectatur... »

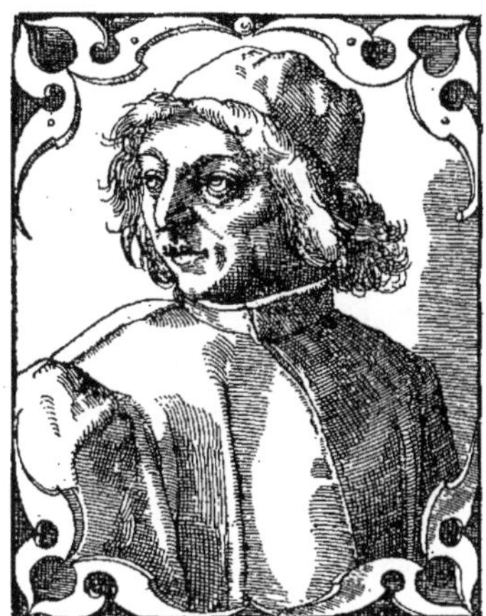

Politien. (Gravure de l'édition bâloise de 1577.)

Postumo (Guido). Pas de gravure dans l'édition bâloise des *Elogia*.

Ruel (Jean), Français. — La gravure manque dans l'édition bâloise.

Rutilio. La gravure manque dans l'édition bâloise.

Sabellico (Marc Antonio). Gravure.

Sannazar. Gravure. — D'après le *Parnasse* de Raphaël (?).

Le portrait du Musée des Offices (n° 706) diffère : le poète y a le front ceint d'une couronne de laurier. — Réplique à Vienne. Kenner : 1897, p. 250-251. D'après M. Kenner, les peintures de Florence et de Venise se rattachent à un original que Sebastiano del Piombo aurait copié à son tour. — « Sepultus est (à Naples) juxta villam Margellinam, in templo Deiparæ Virginis ab se dedicato. Marmoreo autem tumulo Bembus hoc carmen inscripsit... » (*Elogia.*)

Savonarole. Gravure. — D'après la médaille. — Cf. Armand, *Les Médailleurs italiens*.

Spagnuoli. — Voir Mantovano.

Strozzi (Ercole). Gravure. — Copie au Musée des Offices, n° 176.

Tibaldeo (Ant.). La gravure manque dans l'édition de Bâle.

Tilesio (Antonio). Pas de gravure dans l'édition de Bâle.

Tomeo (Leonico). Gravure.

« Pervenit veneranda barbæ canitie ad septuagesimum tertium ætatis annum, mediocri substantia, ipsaque civili frugalitate, et cœlebs, et felix, quod nemo vel innocentiæ et doctrinæ conscientia, vel munditia corporis vel animi nitore beatior ætate nostra fuerit. » (*Elogia.*)

Torre (M. A. della). Pas de gravure dans l'édition de Bâle.

« Quam vides Marci Antonii Turriani Veronensis effigiem, nullis idcirco interlitam picturæ coloribus, sed carbone tantum atque unis umbrarum finibus delineatam, hoc loco dicavimus, quod ille divino præditus ingenio, dum exactæ ætatis inveteratæque authoritatis medicinæ professores interpretationum subtilitate superaret, prius immiti Fato gymnasiis est ereptus, quam admirandæ utilitatis exquisitæque doctrinæ inchoata opera absolventur. » (*Elogia.*)

Traversari. — Voir Ambroise le Camaldule.

Tybertus (Antiochus). La gravure manque dans l'édition de Bâle.

Valla (Lorenzo). La gravure manque.

Jove avait pris pour base de son portrait la statue (détruite) de la basilique de Saint-Jean-de-Latran à Rome : « Sepulchrum cælato ex marmore, cum effigie ac elogio, Catharina mater pientissimo filio posuit, quod in Laterano (ejus enim templi flamen erat) introeuntium ad dextram spectatur... » (*Elogia.*

Vergerio (P. P.). La gravure manque dans l'édition de Bâle.

Vida (M. J.). Ce portrait figure sur la liste de ceux que l'Altissimo copia en 1556 pour le duc Cosme de Médicis. Il semble être entré dans la collection de Jove postérieurement à la rédaction des *Elogia.*

B.

LES PORTRAITS DES CAPITAINES ET DES HOMMES D'ÉTAT.

La série des Capitaines et Hommes d'État renfermait, comme celle des Écrivains et des Savants, les portraits des vivants aussi bien que ceux des morts. Ceux-ci étaient rangés d'après l'ordre des décès [1].

Signalons la pauvreté de la série antique : elle ne comprenait qu'Artaxerxès Memnon, Alexandre le Grand, Romulus, Numa Pompilius, Pyrrhus, Annibal, Scipion l'Africain, Attila, Totila, Narsès. Il eût été si facile cependant de la compléter à l'aide des médailles! Mais Jove avait son idée fixe : ne réunir que des peintures, et encore toutes du même format. Il se servait d'ailleurs, à tout instant, de la comparaison avec les marbres, les monnaies ou les médailles de l'antiquité.

I

ANTIQUITÉ CLASSIQUE.

ALEXANDRE LE GRAND. Gravure dans l'édition bàloise des *Elogia*.

ANNIBAL. Gravure. — Le tableau du Musée des Offices, n° 394, est différent.

A l'occasion du portrait d'Annibal, Jove fait cette déclaration : « Ejus ex marmorea statua integrum caput penes Fabritium Peregrinum Parmensem vidimus, id cacuminato villosoque pileo protectum erat... Alteram quoque Annibalis imaginem ex vetustissimo ære Isabella Gonzaga, Herculis cardinalis mater, nobilium antiquitatum sumptuosa cumulatrix, paulo ante Urbis cladem nobis ostendit. Et sedebat in elephanto cubitalis magnitudinis, turbinato pileo et orbitate oculi insignis. Cui, ut ab exemplo scite picto deprehenditur, plurimum arridet id marmoreum

---

[1] « Imagines insignium heroum, quæ subscriptis Elogiis admirabilem numerosi populi speciem in Musæo spectantibus reddunt... eo a nobis ordine collocatæ sunt, ut qui primi cesserunt e vita, nullo dignitatis servato discrimine, reliquos antecedant... » (*Elogia Virorum bellica virtute illustrium*, p. 310.)

dimidiatæ statuæ caput, quod pro Annibale cum superioris Africani imagine apud Messanam a Decurionibus religiose custoditur. »

ARTAXERXÈS MEMNON. Gravure dans l'édition bâloise des *Elogia*. — Copie au Musée des Offices, n° 392. — Réplique au Musée de Vienne. Kenner : *Jahrbuch*, 1898, p. 100, 133.

« Hanc ex antiquissimo numismate argenteo Rodulphus Pius Carpensis cardinalis, omnis priscæ elegantiæ studiosus, eruditioribus Romanæ Academiæ interpretandam ostendit. » — D'après M. Kenner, le portrait d'Artaxerxès Memnon représenterait en réalité Mithridate II.

ATTILA. Gravure. — Copie au Musée des Offices, n° 395.

Le tableau de la collection Jove procédait d'une médaille exécutée au commencement du xvi° siècle (« ex ære artificis manu »)! — Le tableau du Musée de Vienne, qui est tout différent, se rattache à la fresque de Raphaël dans la Stance d'Héliodore : la *Rencontre de saint Léon et d'Attila* (Kenner : 1898, p. 145).

NARSÈS. La gravure manque dans l'édition bâloise des *Elogia*.

NUMA POMPILIUS. Gravure.

Pour Numa, Jove invoque les diverses statues qu'il a vues à Rome et dont l'authenticité est prouvée par leur comparaison avec les monnaies de bronze! « Ejus effigiem marmoream diademate insignem, quam in Urbe non uno in loco vidimus, nummi ærei cum literis, atque eadem imagine, verissimam essé ostendunt. »

PYRRHUS. Gravure. — Dans le tableau du Musée des Offices, n° 393, Pyrrhus est représenté de face.

Le portrait de Pyrrhus était tiré d'une « marmorea statua in Angeli Maximi honestissimi civis domo ».

ROMULUS. Gravure.

Jove semble avoir mis à contribution une statue de marbre conservée à Rome : « ut ex marmorea statua, quæ juxta Laurentianam Damasi ædem, in fronte Gallo-

rum civium domus, posita est, collato veteri numismate, ab eruditis præclare deprehenditur ».

SCIPION L'AFRICAIN. Gravure. — Le portrait du Musée des Offices,
n° 396, diffère.

TOTILA. Gravure. (Source non indiquée par Jove.) — Copie au
Musée des Offices, n° 397. — Copie au Musée de Vienne (prise
pour le portrait d'un roi de Portugal). Kenner : 1894, p. 150;
1898, p. 15.

II

MOYEN ÂGE.

La série consacrée au moyen âge n'offrait guère plus d'importance
que la série antique. Elle comprenait principalement des portraits
dont les originaux subsistent encore. Tels : Godefroy de Bouillon
(fresque de l'école de Raphaël dans les chambres du Vatican), Uguccione della Fagiola (fresque du « Campo Santo » de Pise), le roi
Robert de Naples (tombeau de l'église Santa Chiara de Naples), Farinata degli Uberti (fresque d'Andrea del Castagno, au couvent de
Sainte-Apollonie à Florence), John Hawkood (fresque de Paolo Uccello, à la cathédrale de Florence), etc.

BOUILLON (Godefroy DE). Gravure.

« Quo habitu delatum diadema renuentis ejus effigies jubente Leone pontifice, ex
vero numismate excepta, in cœnaculo Vaticani picta est. » — Copie au Musée des
Offices, n° 398 (sans la main et sans l'ange qui apporte une couronne). — Copie à
Vienne. Kenner : 1897, p. 114-115. La copie de Vienne reproduit la fresque exécutée sous la direction de Raphaël dans la Chambre de l'*Incendie du Bourg*, au Vatican, fresque qui avait été elle-même exécutée d'après une monnaie. (Cf. Schmarsow, *Melozzo da Forli*, p. 240.)

Castruccio (Castracani). Gravure.

« Castrucii effigies (ut in Uguccione diximus) Pisis elegantissime picta conspicitur, cui similem ex candido marmore nobis ostendit Nicolaus Tegrimius Lucensis patritius, a quo Castrucii vita Latine atque integerrime scripta ac impressa extat. » — Le copiste employé par Jove a reproduit une des figures de la fresque du Campo Santo de Pise : *Le Dit des trois Morts et des trois Vifs.*

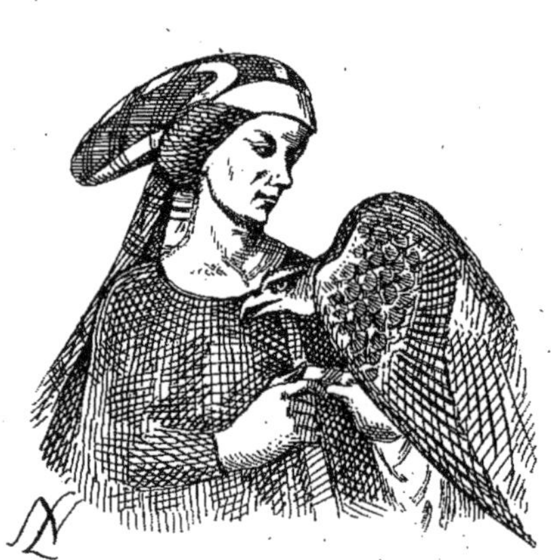

Castruccio.
(Fresque du « Campo Santo » de Pise.)

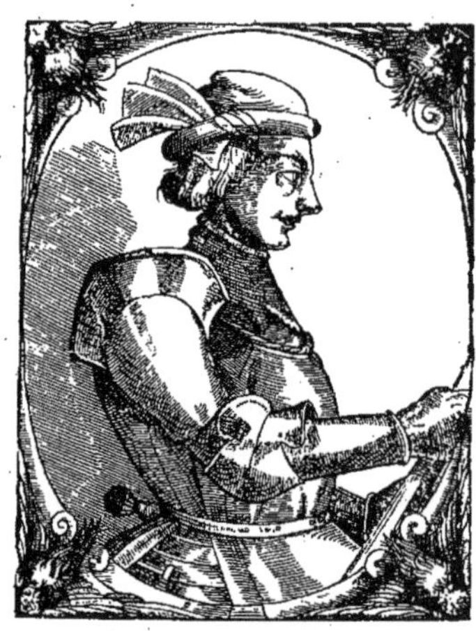

Castruccio.
(Gravure de l'édition bâloise de 1577.)

Charlemagne. Gravure dans l'édition bâloise des *Elogia.* — Copie au Musée des Offices, n° 558. — Copie au Musée de Vienne. Kenner : 1894, p. 151.

« Æream Caroli Magni effigiem nobis dono dedit Alfonsina (Orsini), magni Laurentii Medicis nurus. » — Jove aurait pu recourir au portrait en mosaïque incrusté dans le « triclinium » de Saint-Jean-de-Latran et à bien d'autres documents encore.

Colonna (Sciarra). Gravure. — Musée des Offices, n° 483.

« Formam Sarræ in vetere tabula pictam exceptamque per manus a majoribus, et religiose custoditam, Martius Columna nobis ostendit, ut ex ea æmulante pictore, exemplum exactæ similitudinis duceretur. »

Eccelino da Romano. Gravure. — Copie au Musée des Offices,
   n° 478.

« Portentum humani generis, hac obducta feralique fronte, hoc atroci pallore,
hisque vipereis oculis, suam indomitæ naturæ torvitatem spirans, in prætorio
Patavii pictus spectatur; unde nobis exempli tabula hæc in Musæum relata est. »
(*Elogia*.)

Faggiola (Uguccione della). Gravure. — Copie au Musée des Offices,
   n° 484. — Un portrait, probablement copié sur celui du « Musæum
   Jovianum », se trouvait en 1568 dans la collection de Cosme Ier
   de Médicis. — Copie à Vienne. Kenner : 1897, p. 225-226.

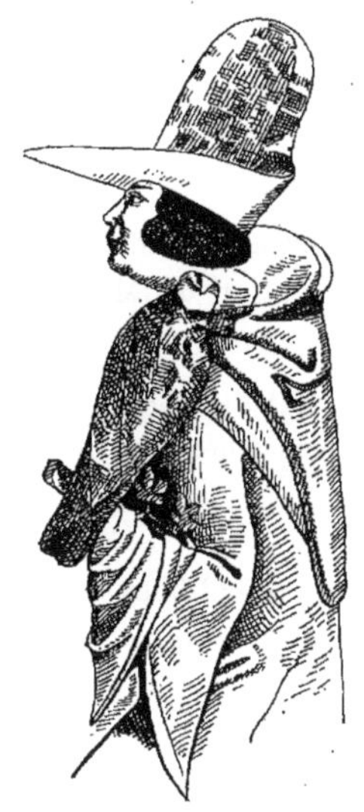

U. della Faggiola.
(Fresque du « Campo Santo » de Pise.)

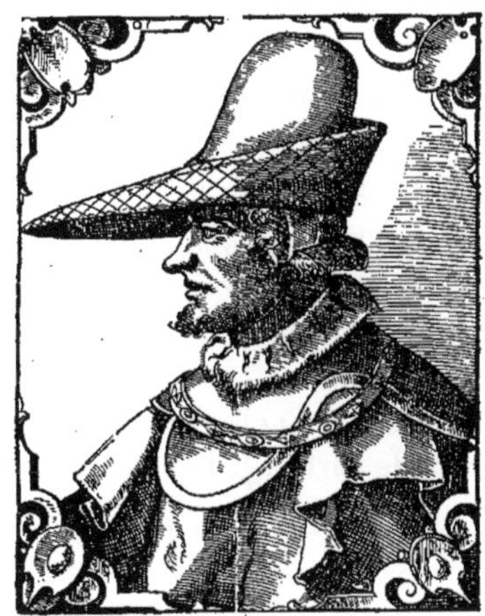

U. della Faggiola.
(Gravure de l'édition bâloise de 1577.)

« Effigies ejus equestris, adstante ei Castruccio et falconem ad aucupium læva ges-
tante, Pisis in sepulchro, cui Camposanto nomen est, pretiosis ex vero picta coloribus conspicitur. » — Il s'agit de la fresque qui représente le *Dit des trois Morts et*

des trois Vifs. Voilà le témoignage de Vasari [1] confirmé par Jove, dont les *Elogia* parurent en 1550.

FRÉDÉRIC BARBEROUSSE (L'empereur). Gravure. — Copie au Musée des Offices, n° 589 (ancien n° 8). — Un portrait de ce prince faisait partie, dès 1568, de la collection de Cosme Ier de Médicis. — Copie à Vienne. Kenner : *Jahrbuch*, 1894, p. 152-153.

« Effigiem Ænobarbi Cæsaris Mediolanenses... marmoreo in arcu supra Romanam portam sculpserunt dracone stantis cruribus involuto... Ad eundem quoque oris et barbæ habitum altera ipsius effigies plurimum arridet, quæ in aurea bulla scite expressa, appensaque membranis privilegiorum Pisanæ civitatis conspicitur : ea fide collata, ut tertiam quoque ejus statuam ad Volturni pontem proximo Lotrechii bello base dejectam viderimus : quum sumptuosissimi operis turritus pons, a Friderico juniore, hujus Ænobarbi nepote, suevæ gentis regum imaginibus ornaretur. » (*Elogia.*)

ROBERT DE NAPLES (Le roi). Gravure. — Le portrait du Musée des Offices, n° 474, est différent; de même le portrait du Musée de Vienne. Kenner : 1897, p. 173.

« Visitur ejus sepulchrum cum effigie marmorea in templo D. Claræ ab se dicato. » (*Elogia.*) — Une gravure du tombeau de Santa Chiara a été publiée dans l'*Archivio storico dell' Arte,* 1898, p. 305-307.

SCALA (Cano DELLA). Gravure. — Copie au Musée des Offices, n° 492 (sans la barbe (!); la tête est recouverte d'un béret rouge).

« Ejus imaginem in tabula egregie pictam Achillinus Bononiensis rerum antiquarum studiosus, viris elegantibus ostendit. » — Sur les portraits des Scaliger, voir le mémoire de M. de Schlosser : *Die höfische Kunst,* p. 181 et suiv.

TORRE (Martino DELLA). La gravure manque dans l'édition bâloise des *Elogia.*

---

[1] Édition Milanesi, t. I, p. 596-597.

« Ad Clarævallis Cœnobium... ejus effigies sub abside marmorei fornicis depicta, hodie etiam incolumis spectatur, in purpura et pileo arm elinis pellibus suf-
ulto, ut tum erant summi magistratus insignia. » (*Elogia.*)

Uberti (Farinata degli). Gravure. — Copie au Musée des Offices,
  n° 501. — Réplique avec des variantes à Vienne. Kenner : 1897,
  p. 226-227.

« Farinatæ effigies in porticu Pandulphinæ Villæ ad primum lapidem extra Fri-
dianam portam, hoc cultu atque sarmatura, inter Florentinos antiquos proceres
Florentiæ eleganter depicta spectatur. » — Il s'agit de la fresque d'Andrea del Castagno, autrefois à la villa Pandolfini, aujourd'hui au couvent de Sainte-Apollonie à
Florence. — Voir les gravures de la page 275.

Artaud de Montor possédait un portrait de Farinata degli Uberti, avec l'inscription *Farinata Uberti*, qu'il attribuait à Orcagna. (H. 0.568; L. 0.443, n° 97,
pl. XXXVI). Il est fort possible que ce soit le portrait provenant de la collection Jove.

III

LES SULTANS ET AUTRES PRINCES OU CAPITAINES ORIENTAUX.

L'histoire de cette série est rapportée par Jove lui-même, dans les
termes suivants :

« Hariadenus Barbarussa Othomannicæ classis præfectus... Virginium Ursinum
Anguillariæ comitem arcu scythico cum pharetra... (donavit), addens arculam
ex ebeno et ebore fabrefactam, in qua undecim Othomannorum regum vera simulachra pro captu barbarorum artificum preciosis coloribus in levigatæ chartæ tabellis depicta visebantur... Has omnes Virginius magnis exoratus precibus Alexandro
Farnesio cardinali et mihi, latioribus in tabulis ad delectationem elegantium virorum pingendas, communicavit. »

La plupart des portraits du « Musæum Jovianum » furent reproduits pour le
Musée de Florence, pour la collection d'Ambras (aujourd'hui incorporée au Musée
de Vienne) et pour la collection de Paul Ardier, formée, entre 1617 et 1638, au
château de Beauregard près de Blois.

L'iconographie des personnages représentés a été étudiée par M. Kenner (*Jahrbuch*, 1898, p. 32, 99-110, 115 et suiv.). Le même auteur fait observer que la
proscription des images semble n'avoir repris sa rigueur, chez les Turcs, qu'au
xvii° siècle (p. 100-101).

A. — *Sultans.*

AMURATH II. Gravure dans l'édition bâloise des *Elogia*. — Copie au
Musée des Offices, n° 404.

BAJAZET Iᵉʳ. Gravure. — Copie au Musée des Offices, n° 401 (ancien n° 96). Un portrait de Bajazet Iᵉʳ, probablement copié sur
celui de Jove, faisait partie en 1568 de la collection de Cosme Iᵉʳ
de Médicis.

BAJAZET II. Gravure. — Copie au Musée des Offices, n° 407.

CELEBINUS. — Voir MAHOMET Iᵉʳ.

MAHOMET Iᵉʳ (surnommé Célebin ou Tchélebi). Gravure. — Copie
au Musée des Offices, n° 97.

MAHOMET II. Gravure. — Copie au Musée des Offices, n° 403. Cf.
Kenner : 1898, p. 123.

Le portrait du « Musæum Jovianum » offre les plus grandes analogies avec le portrait bien connu de la collection de sir Henry Layard. Et cependant, quoique Jove
déclare que le portrait de sa collection est l'original, peint de la main de Gentile
Bellini (p. 108), les deux peintures diffèrent : dans l'une, le conquérant de Constantinople se montre de profil; dans l'autre, de trois quarts; dans l'une, il tient de
la droite une fleur; dans l'autre, cette fleur manque. Y aurait-il eu deux exemplaires?
La question mérite d'être approfondie. A rapprocher de ce portrait les différentes
médailles de Mahomet II : Armand, *Les Médailleurs italiens des xvᵉ et xviᵉ siècles.* —
Thuasne, *Gentile Bellini et Sultan Mohamed II. Notes sur le séjour du peintre vénitien
à Constantinople (1479-1480)* ; Paris, 1888.

SÉLIM Iᵉʳ. Gravure. — Le portrait du Musée des Offices (n° 405) diffère, quoiqu'il porte l'inscription « Selimus I ». Un second portrait
du même musée (n° 407) représente Sélim II.

« Selymus Othomannæ familiæ nonus imperator, hoc ore truci ferocibusque oculis,
insitam animo suo vim, diramque sævitiem ostendebat, quum in sanguinem genti-

lium suorum et reliquorum , qui ad ejus imperiosi genii nutus parum expedite res-
ponderent (hos enim præcipue oderat) immaniter desæviret. »

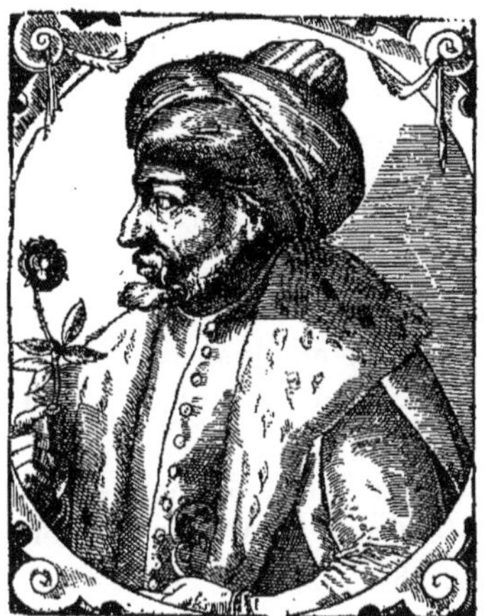

Mahomet II. (D'après la gravure de l'édition bâloise.)

SOLYMAN. Gravure. — Copie au Musée des Offices (n° 399) ; la main
   manque. — Il est question, dans là lettre de l'Altissimo, en date du
   23 octobre 1556, de l'« usore Solimani ».

B. — *Personnages divers.*

BARBEROUSSE Ier (Arroudj). Gravure. — Le portrait du Musée des
   Offices diffère (n° 416). — Réplique au Musée de Vienne. Kenner : 1898, p. 139.

BARBEROUSSE II (Khaïr-Eddyn). Gravure.

DAVID, négus d'Abyssinie (Etana Dengkel ?). Gravure. — Copie au
   Musée des Offices, n° 414. — Copie au Musée de Vienne. Kenner :
   1898, p. 141-142.

« Æthiopes cucullati sacerdotes qui post maximum Vaticani templum sedem et

8.

delubrum habent, communi consensu eam sui Regis effigiem verissimam affirmant, quam Petrus Alvares Legatus cum cruce aurea ad Clementem Pontificem detulit. »

ISMAËL SOPHI, roi de Perse. Gravure. — Copie au Musée des Offices, n° 418. — Copie au Musée de Vienne. Kenner : 1898, p. 133-135.

KAITBAI, sultan d'Égypte. Gravure. — Copie au Musée des Offices, n° 421. — Copie au Musée de Vienne. Kenner : 1898, p. 135-139.

KANSOU-GAURI. Gravure (p. 225 de l'édition bâloise des *Elogia,* et non pas p. 222). — Copie au Musée des Offices, n° 422. — Copie au Musée de Vienne. Kenner : 1898, p. 136-137.

MULEY-HASSAN, sultan de Tunis. Gravure. — Copie au Musée des Offices, n° 417. — Copie au Musée de Vienne, avec quelques variantes. Kenner : 1898, p. 137-139.

MULEY-MAHOMET, roi de Fez. Gravure. — Copie au Musée des Offices, n° 415. — Copie au Musée de Vienne. Kenner : 1898, p. 140-141.

« Muleamethes cognomento Scyriffri magnus rex Mauritaniæ. Hac talari linteaque toga induitur Scyriffus, et oblongo linteolo simplicibus spiris ita caput involvit, ut ejus extrema pars instar ingentis caudæ a dextra aure per humeros et crura ad talos usque diffundatur. Hoc habitu sacerdotes Ægyptios olim usos fuisse constat, sic ut facile rear sacri ficuli cultum inde acceptum, quem nostri sacra facientes superin-duunt, et camisum vocant. »

SALADIN. Gravure. — Copie (?) au Musée des Offices, n° 428. — Copie au Musée de Vienne. Kenner : 1898, p. 115.

Le portrait de Saladin venait probablement d'Orient; il avait été donné à Jove par un patricien vénitien, qui avait rempli différentes missions à Chypre et en Syrie. « In hanc autem habitus speciem Saladini formam nobis communicavit Dònatus Lectius, patritii ordinis, Venetus. »

SINAS LE JUIF. Gravure.

Thamasp Ier, roi de Perse. Gravure. — Copie au Musée des Offices, n° 419. — Copie au Musée de Vienne. Kenner : 1898, p. 134-135.

Tamerlan. Gravure. — Copie au Musée des Offices, n° 400. — Copie au Musée de Vienne. Kenner : 1898, p. 143-144.

Touman-Bey, sultan d'Égypte. Gravure (p. 222, non 225).

IV

XVe ET XVIe SIÈCLES. — ITALIE.

Acuto (Giovanni). — Voir Hawkood.

Alidosi (Le cardinal). Gravure.

« Non ineptum fore putaverim, ad instituendam rectæ atque honestæ vitæ disciplinam in sacratis viris, si ad exemplum posteritatis Francisci Alidosii cardinalis vita improba, et non sero subsecutus perversos mores inusitatus interitus exprimatur. Sic ut ejus nobis hæc imago ex vivo vultu ducta magnæ sit admirationi, quod tantam in se decori et liberalis aspectus dignitatem præ se ferre videatur, ut hinc con jectari liceat depravati animi labem illlustris formæ specie aliquandiu posse contegi, abscondique facile vel peritissimis physiognomiæ artis magistris. » (*Elogia.*)

J'ai établi, dans l'*Archivio storico dell' Arte* (septembre-octobre 1891), que le por trait de la collection Jove est identique au superbe portrait de cardinal (anonyme) peint par Raphaël et conservé aujourd'hui au musée du Prado, à Madrid. Ce portrait a passé tour à tour pour représenter le cardinal de Granvelle, le cardinal Jules de Médicis (pape sous le nom de Clément VII) èt le cardinal Bibbiena [1]. Le premier, Vincenzo Carderera, puis M. Prosper Valton ont mis en avant le nom du cardinal Francesco Alidosi († 1511), le favori de Jules II : la ressemblance avec la médaille de ce personnage, exécutée, croit-on, par Francesco Francia, leur parais - sait un argument suffisant. Plus probante encore est la ressemblance avec la gravure publiée dans l'édition bâloise des *Elogia* : l'attitude (dans la gravure, la figure est coupée au-dessous des coudes, tandis que, dans le portrait de Madrid, on voit le bras gauche entier) et l'expression sont quasi identiques. Les esprits chagrins qui

---

[1] Voir mon *Raphaël*, 2e édition, p. 568.

ont élevé des doutes à ce sujet ne se sont évidemment pas rendu compte de la trans-
formation que le dessinateur et le graveur employés par l'éditeur bâlois ont fait

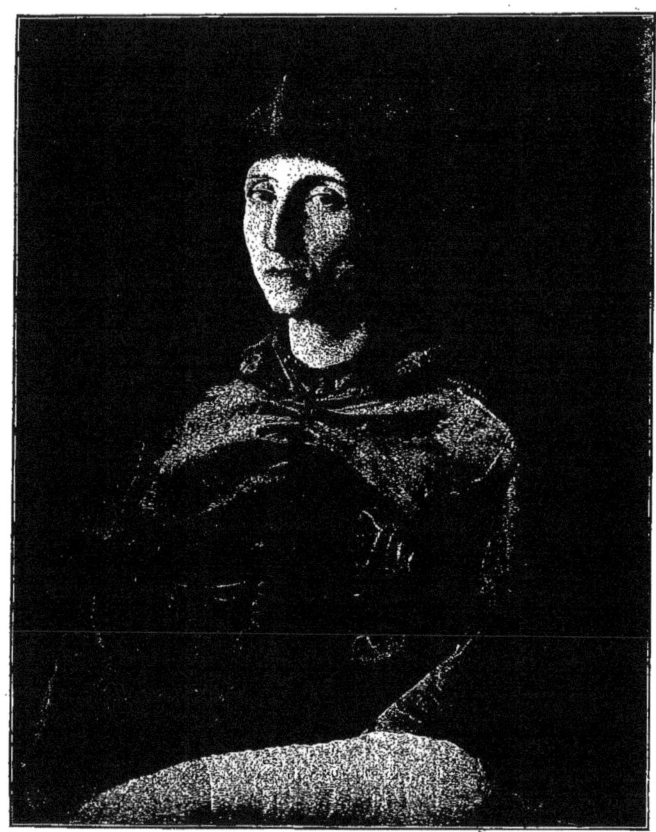

Le cardinal Alidosi. (Tableau de Raphaël au Musée de Madrid.)
Cliché prêté par MM. Hachette et Cⁱᵉ.

subir aux originaux de la collection Jove. A tout instant, ces interprètes peu fidèles
ont défiguré les modèles qu'ils avaient sous les yeux. Aucun esprit impartial, j'en ai

la certitude, ne niera plus désormais que le portrait du Musée de Madrid sorte du Musée de Paul Jove et qu'il représente le cardinal Alidosi. — Un portrait d'Alidosi — un bas-relief en bronze — offrant de grandes analogies avec la médaille, a été acquis il y a quelques années par le Louvre. Voir l'article de M. André Saglio : *Francesco Francia orfèvre et le nouveau Portrait du cardinal Alidosi*, dans *l'Art* du mois de mars 1893.

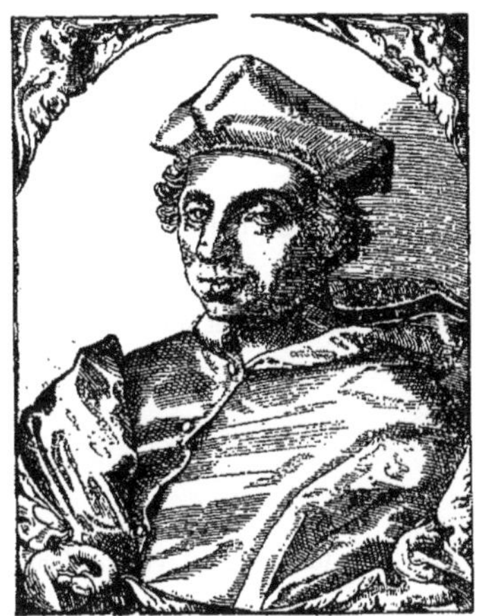

Le cardinal Alidosi.
(Gravure de l'édition bâloise.)

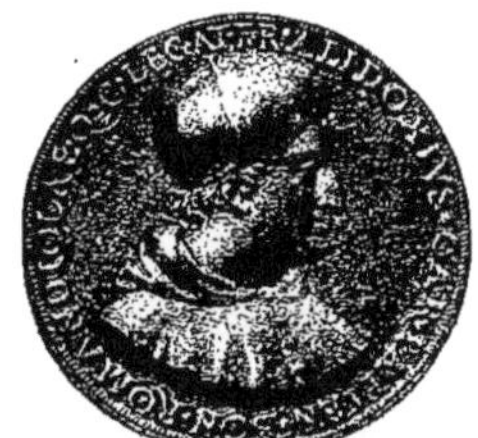

Médaille du cardinal Alidosi.
(Cliché prêté par MM. Hachette et Cie.)

ALVIANO (Bartolommeo). Gravure. — Copie au Musée des Offices, n° 207. Un portrait de ce capitaine, probablement une des copies de l'Altissimo, faisait partie, en 1568, de la collection de Cosme Ier de Médicis. — Copie au Musée de Vienne. Kenner : 1897, p. 231-232.

ARAGON (Le roi Alphonse de Naples). Gravure. — Copie au Musée des Offices, n° 476. — Copie au Musée de Vienne. Kenner : 1897, p. 175.

Le tableau de la collection Jove me paraît une interprétation de la belle médaille, bien connue, de Pisanello

Aragon (Isabelle d'). La gravure manque.

« Hunc pallidi oris et atrati cultus habitum ferebat Elisabella Aragonia Joanne Galeacio Sforzia conjuge orbata. » — Les traits d'Isabelle d'Aragon nous sont connus par une médaille de Gian Cristoforo Ron ano (voir mon *Histoire de l'Art pendant la Renaissance*, t. II, p. 5 1 7).

Aragon (François d'), fils d'Isabelle. Gravure.

Baglioni (Giovanni-Paolo). Gravure. — Copie au Musée des Offices, n° 532.

Baglioni (Malatesta). Gravure. — Copie au Musée des Offices, n° 522.

Le portrait de Malatesta Baglioni semble identique à celui du Musée de Vienne, attribué au Parmesan (gravé dans mon *Histoire de l'Art pendant la Renaissance*, t. III, p. 141).

Baglioni (Orazio). Gravure.

Barbaro (Daniel).

Ce portrait, peint en 1545 par le Titien à l'intention de Jove, ne figure pas dans le catalogue de la collection de celui-ci.

Barbiano (Alberico, † 1409). Gravure.

« Alberici effigies Ticini in arce ad sinistram porticum picta, habitu triumphum comitantis, conspicitur. » (*Elogia.*)

Bentivoglio (Giovanni). La gravure manque.

Un portrait de ce personnage figurait, en 1568, dans la collection de Cosme Ier de Médicis ; peut-être reproduisait-il celui de la collection de Paul Jove.

Borgia (César). Gravure. — Copie au Musée des Offices. — Copie au Musée de Vienne. Kenner : 1897, p. 204, 205. — Sur l'iconographie de César Borgia, voir le volume de Charles Yriarte, *Autour des Borgia*.

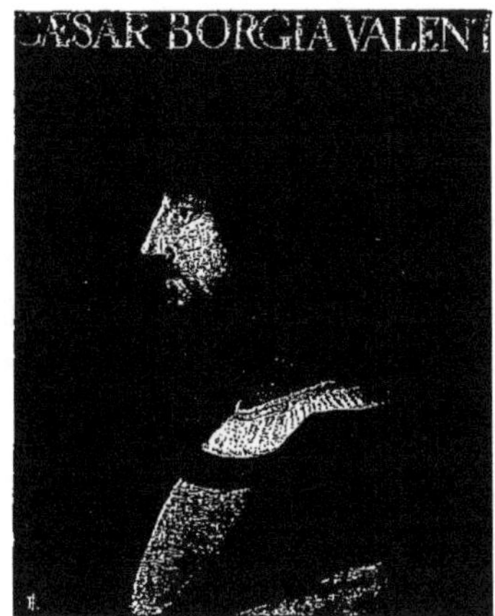

César Borgia.
Copie du portrait du «Musæum Jovianum» (Musée des Offices).
(D'après un cliché de MM. Alinari.)

Braccio da Montone. Gravure. — Copie au Musée des Offices, n° 690.
— Copie, avec de légères variantes, au Musée de Vienne. Kenner :

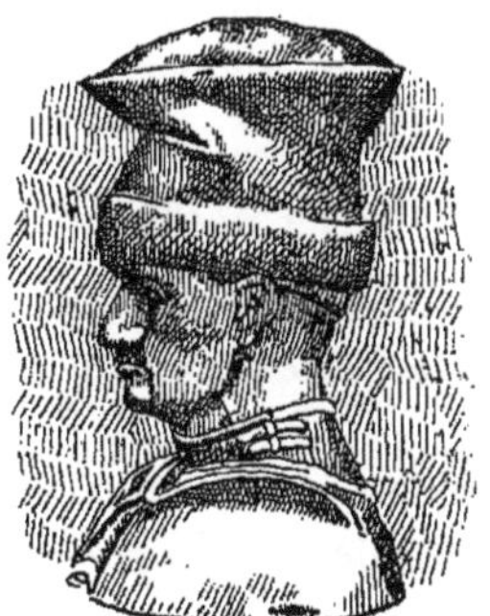

Braccio di Montone. (D'après la médaille de Pisanello.)

1897, p. 205-207. — Voir ci-après l'article Sforza (Attendolo).
Ce portrait procède incontestablement de la médaille de Pisanello.

CAPELLIUS (Vincentius). Gravure. — Copie au Musée des Offices, n° 5o3.

« Hoc splendido thorace et purpurea trabea conspicuus fuit..., quum apud Actiacum promontorium Ambracii sinus conjunctis cum, Auria classibus, cum Barbarussa prælio certaturus crederetur. » (*Elogia.*)

CARMAGNOLA. Gravure. — Copie au Musée des Offices, n° 499. — Copie au Musée de Vienne. Kenner : *Jahrbach*, 1897, p. 210.

M. Kenner est disposé à croire que le portrait de la collection de Paul Jove, ainsi que celui du musée de Vienne, procèdent de la fresque attribuée à Bramante au palais du Vatican (Cf. Vasari, éd. Milanesi, t. II, p. 492).

CESARINI (Le cardinal Jules). Le cartouche est resté vide.

Le portrait de la collection Jove avait été peint d'après un tableau prêté par l'arrière-neveu de Cesarini. Un portrait du même personnage faisait partie, en 1568, de la collection de Cosme Ier de Médicis : c'était probablement une des copies exécutées à Côme par l'Altissimo.

COLLEONE (Bart.). Gravure. — Copie au Musée des Offices, n° 5o8. — Copie au Musée de Vienne. Kenner : 1897, p. 217, 218.

« Statuit et sibi vivens sepulchrum ad aram maximam, apud quam marmorea ejus effigies, et in tabula etiam scitissime depicta Bergomi conspicitur. Senatus autem ei merito statuam equestrem æneam ad templum Joannis et Pauli cum marmorea basi erexit, Patavina quidem magnitudine grandiorem et luculentam, sed nequaquam pari Verroci artificis felicitate fabrefactam. » (*Elogia.*)

COLOMB (Christophe). Gravure. — L'original se trouve de nos jours encore à Côme, dans la collection du comte Alessandro Orchi. — Copies au Musée des Offices (n° 586, sans les mains) et au Musée de Vienne. Kenner : 1897, p. 219-220.

Pour établir l'authenticité du portrait de la collection Jove, M. Jorrins insiste sur cette circonstance que Jove fut un contemporain de Christophe Colomb; qu'il a pu connaître personnellement son fils Ferdinand, qui voyagea beaucoup en Italie et séjourna quelque temps à Rome; qu'il possédait une série de portraits d'Espagnols contemporains du grand explorateur [1]. — Un portrait peint, de Colomb, conservé au Musée naval de Madrid et offrant des analogies avec celui de la collection Jove, a été publié par Mme Dieulafoy, dans *le Tour du Monde*, du 13 janvier 1900.

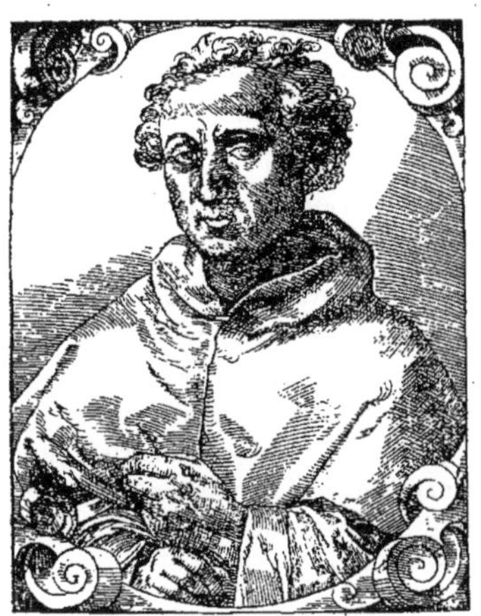

Christophe Colomb.
(Gravure de l'édition bâloise de 1577.)

Colonna (M.-A.). Le cartouche de l'édition de Bâle est resté vide.

Colonna (Le cardinal Pompeo). Gravure. — Copie au Musée des Offices, n° 362.

Colonna (Prospero; † 1523). Gravure. — Copie au Musée des Offices, n° 5:7. — Copie au Musée de Vienne. Kenner : 1897, p. 218-219.

---

[1] *Congrès des Américanistes*, 1890, p. 257-260. Voir aussi *I Ritratti di Cristoforo Colombo*, de M. Ach. Neri (Rome, 1893), et l'article de notre confrère M. le docteur Hamy, dans *la Nature*, du 25 mars 1893

Doria (Andrea). Gravure. (Représenté à mi-corps, tout nu, tenant un aviron.) — Les portraits du Musée des Offices (n°s 520 et 526) montrent le personnage vêtu.

Este (Alphonse d'), duc de Ferrare. Gravure. — Copie au Musée des Offices, n° 537.

« Ex severa et peracri oris ductu. » (*Elogia.*) — Le portrait de la collection Jove concorde de tout point, pour la physionomie, sinon pour le costume et l'attitude, avec celui du palais Pitti, attribué au Titien. — Voir la *Chronique des Arts* du 16 juin 1894, p. 181.

Gattamelata. Gravure. — Copie au Musée des Offices, n° 506. — Copie au Musée de Vienne. Kenner : 1897, p. 228-229.

Le portrait de la collection de Jove n'offrait aucun intérêt, vu qu'il suffit, de nos jours encore, de recourir à la statue équestre exécutée par Donatello, et exposée sur une des places de Padoue : « Veneti eum... ænea equestri statua honestandum censuerunt, curaruntque faciendam ingenio præstantissimi ejus ætatis statuarii, cui Donatello Florentino nomen fuit. Hic antiquorum artem decenter æmulatus, absolutæ pulchritudinis statuam armati equitis, militare tenentis sceptrum, elegantissime perfecit, quam hodie eruditi artifices admirantur, Patavii collocatam in ea area, quæ Antoniani templi frontem aspicit. » (*Elogia.*)

Gonzague (François de), marquis de Mantoue. — Le cartouche est resté vide dans l'édition de Bâle.

Grimani (Le doge Antonio). Gravure. — Copie au Musée des Offices, n° 312.

Gritti (Alvisio; 1501-1534). Gravure.

Gritti (Le doge Andrea). Gravure.

Hawkood (John). Gravure. — Copie au Musée des Offices, n° 488 (en sens inverse). — Copie au Musée de Vienne (également en sens inverse). Kenner : 1897, p. 191.

« Vera effigies in templo maximo Florentiæ colossea magnitudine spectatur. » — C'est, en effet, la fresque exécutée par Paolo Uccello, à la cathédrale de Florence, qui a servi de base à la copie du « Musæum Jovianum ». Comme cette fresque existe encore, la copie en question n'offre aucun intérêt.

Martin V (Le Pape). — Ce portrait, qui figure sur la liste des copies exécutées par l'Altissimo en 1556, semble être entré dans la collection de Jove postérieurement à la rédaction des *Elogia*, car celui-ci n'en fait pas une mention spéciale.

Montefeltro (Frédéric de), duc d'Urbin. Gravure. — Copie au Musée des Offices, n° 486.

Ce profil ressemble beaucoup au portrait peint par Piero della Francesca (Musée des Offices; gravé dans l'*Histoire de l'Art pendant la Renaissance*, t. I, p. 133). Cependant les cheveux y sont longs et flottants, au lieu d'être coupés court; la tête y est nue, au lieu d'être couverte d'un béret; enfin une cuirasse y protège la poitrine, alors que, dans le portrait de Piero della Francesca, Frédéric n'est vêtu que d'un pourpoint.

Orsini (Nic.). Gravure. — Le portrait du Musée des Offices (n° 512) porte l'inscription : *Virginius Ursinus Petinali*. — Copie au Musée de Vienne. Kenner : *Jahrbuch*, 1897, p. 237.

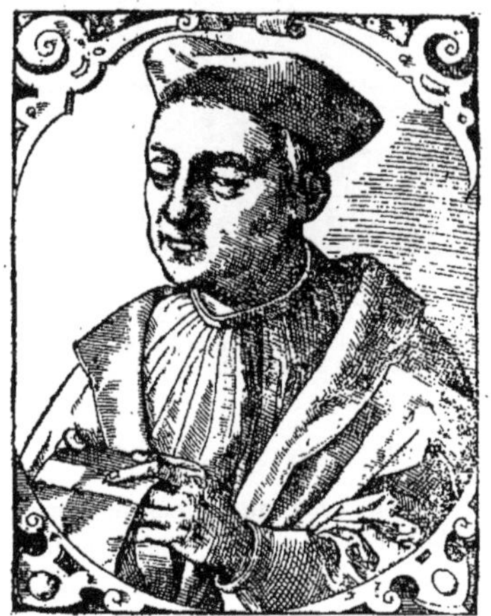

Pandolfo Petrucci. (Gravure de l'édition bâloise de 1577.)

Petrucci (Pandolfo). Gravure. — Copie au Musée des Offices,

n° 531. — Copie au Musée de Vienne. Kenner : 1897, p. 243-244.

PICCININO (Nic.). Le cadre est resté vide.

Un portrait de Piccinino figurait, en 1568, dans la collection du duc Cosme Ier de Médicis. Peut-être était-il une répétition de celui du « Musæum Jovianum ». — Cf. Kenner : *Jahrbuch*, 1897, p. 244.

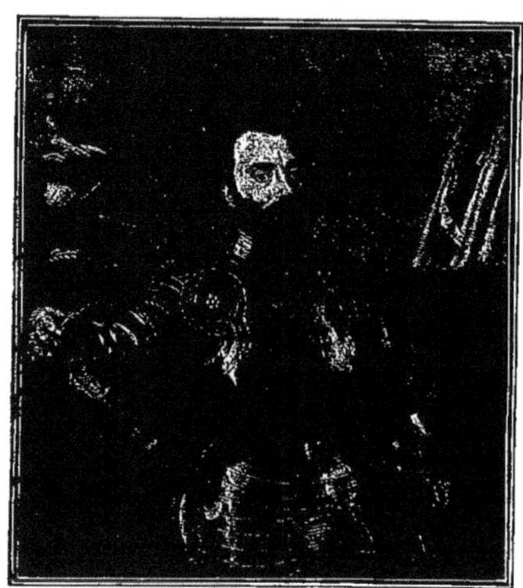

Le duc François-Marie della Rovere.
(Tableau du Titien, au Musée des Offices.)
Cliché prêté par MM. Hachette et Cie.

RIARIO (Le cardinal Pierre), neveu de Sixte IV.

Ce portrait figure sur la liste de ceux que l'Altissimo copia en 1556 pour le duc Cosme de Médicis. Il semble être entré dans la collection de Jove postérieurement à la rédaction des *Elogia*, car ceux-ci n'en font pas une mention spéciale. — Si je ne m'abuse, l'original du « Musæum Jovianum » est identique à un tableau — fort abîmé — qui appartient aujourd'hui à M. Georges Giraud, président à la cour d'appel de Rouen. Ce tableau, qui a les mêmes dimensions que celui de Pontano

(voir ci-dessus), porte l'inscription : « Frater Petrus, card. S. Sixti. Papæ nepos ».
Le cardinal s'y montre de profil, tourné à gauche.

ROVERE (François-Marie DELLA), duc d'Urbin. Gravure. — Copie au
   Musée des Offices, n° 524.

« Nemo magnorum ducum elegantius et certius in tabula ad veram imaginem
expressus est, quam hic ipse Feltrius, qui his suis armis atque coloribus, hisque tri-
plicis imperii militaris insignibus Titiani summi pictoris manu delineatus conspicitur. » — Le tableau de la collection Jove me semble identique à la toile du Titien
aujourd'hui conservée au Musée des Offices (gravée dans l'*Histoire de l'Art pendant
la Renaissance*, t. III, p. 252 et ci-contre p. 319).

SODERINI (Pietro). Gravure. — Copie au Musée des Offices, n° 701.

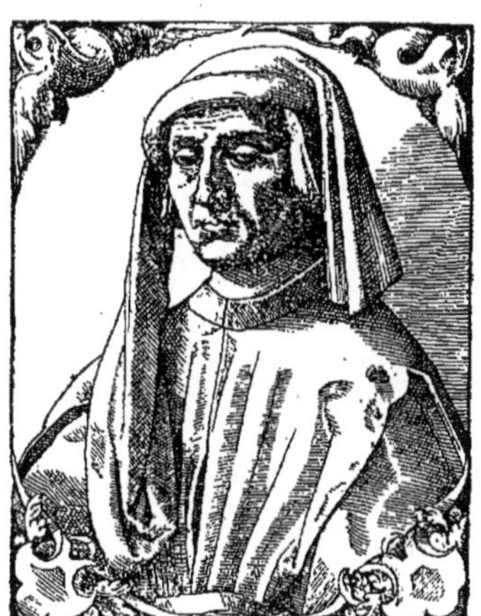

Pierre Soderini. (Gravure de l'édition bâloise.)

STIPICIANO (Pirro). Gravure.

« Hac vere militari fronte, atque his ferocibus oculis et inauratis armis, con-
stantis pugnacissimique animi vim præferebat Pyrrhus Stipicianus. . . . » (*Elogia.*)

TRIVULCE (Le maréchal DE). Gravure. — Le portrait du Musée des
   Offices (n° 691) montre le maréchal de profil, non de face. — Copie

du portrait des Offices au Musée de Vienne. Kenner : *Jahrbuch*, 1897, p. 258-259.

Les traits du maréchal nous sont en outre connus par des médailles. Cf. Armand, *Les Médailleurs italiens des xve et xvie siècles*, t. I, p. 110; t. II, p. 103; t. III, p. 138. « Naturam non sæpe cuiquam sua dona cumulate largiti solitam præclaro Jacobi Trivultii exemplo intueri licet, quippe quæ ei parum liberalis et decori oris rictum, eumque a simo naso in obtusam cuspidem prominente, prorsus ignobilem dederit; atque item justo humiliore, quanquam quadrata et ferendis armis habilis statura esse voluerit; ita ut ingentis spiritus vigorem qui plenissime inerat, nequaquam generosa vultus specie, personæque dignitate sublevaret. » (*Elogia.*)

VITELLI (Le cardinal Jean, de Corneto). Gravure.

Un portrait de ce prélat, probablement copié sur celui de la collection Jove, figurait en 1568 dans la collection de Cosme Ier de Médicis. Le portrait du « Musæum Jovianum » avait été copié sur une peinture du palais Vitelleschi à Corneto. « Cornetanus patriarcha et cardinalis vera Vitellii effigies depicta in magno conclavi ejus domus Corneti spectatur. » (*Elogia.*)

VITELLI (Les frères). Sur un seul tableau :

« Hac una latiore in tabula Vitellii quatuor germani fratres cum suo patre conspiciuntur. »

CAMILLO. Gravure.

GIOVANNI. La gravure manque.

PAOLO. La gravure manque.

Un portrait de ce personnage, probablement copié par l'Altissimo d'après le tableau de la collection Jove, figurait en 1568 dans la collection de Cosme Ier de Médicis.

VITELLIO. Gravure.

VITELLOCIO. Gravure. — Copie au Musée des Offices, n° 516.

J'ai réservé pour un paragraphe distinct l'étude des portraits des Visconti et des Sforza.

Ici, Jove avait mis à contribution les documents les plus dignes de foi. Le portrait de l'archevêque Othon procédait d'une peinture du château d'Anghiara; celui de Mathieu, d'une sculpture ou d'une peinture, à la basilique de Monza; celui de Galéas Ier, du portrait sculpté sur le tombeau d'Azzo et d'une peinture; celui d'Azzo, d'une peinture de l'église San Gottardo. Pour Luchino, Jove avait utilisé une sculpture du tombeau d'Azzo; pour l'archevêque Jean, une peinture de l'archevêché de Milan; pour Galéas II, une peinture; pour Barnabas, une statue équestre et la peinture « in Concano templo »; pour Jean Galéas, la sculpture de la Chartreuse de Pavie et le tableau d'autel du couvent de Castellazzo; pour Jean Marie, une peinture de la cathédrale de Milan, où Jove signale l'expression venimeuse (« viperiis oculis venenum spirans »); pour Philippe Marie, enfin, divers documents, entre autres une sculpture du palais de Francesco Taverna.

Ainsi qu'il a été dit ci-dessus, dès 1549, une édition illustrée, publiée à Paris (réimprimée en 1552), reproduisit, en gravures sur bois excellentes, les miniatures faisant partie du manuscrit offert par Jove au Dauphin, miniatures qui étaient elles-mêmes la reproduction des peintures du « Musæum Jovianum ».

L'archevêque OTHON. Gravure dans l'édition bâloise des *Elogia*.

« Visitur ejus imago sumptuose depicta in magno conclavi Anglerianæ arcis, ubi Decumana victoria de Turrianis parta, picturis adhuc incorruptis expressa hodie spectatur. » (*Elogia.*)

MATHIEU LE GRAND. Gravure. — Copie au Musée des Offices, n° 480.

« Ejus effigies Modoetiæ in templo maximo spectatur, habitu porrigentis templi imaginem, quod divo Joanni Baptistæ voverat. »

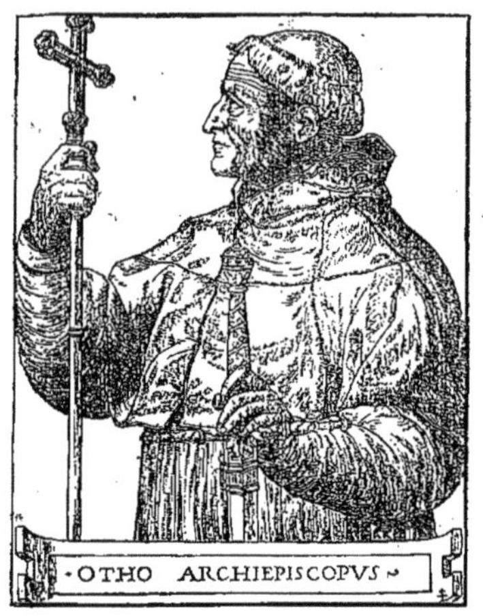

L'archevêque Othon Visconti. (Gravure de l'édition parisienne de 1552.

Galéas Ier. Gravure.

« Ejus effigies in sepulchro Actii filii egregie sculpta, depicta autem in templo ad Viboldonum Romana via dextrorsum ad septimum lapidem conspicitur. »

Azzo. Gravure. — Voir ci-dessus, p. 321.

« Visitur ejus effigies elegantissime depicta ad lævam divi Gothardi Templum intrantibus. »

Luchino. Gravure.

« Effigies ejus in Actii sepulchro marmore sculpta prospicitur. »

L'archevêque Jean. Gravure. — Copie au Musée des Offices, n° 388.

« Effigies ejus nullo vitiata situ, in superiore conclavi Pontificiæ domus, in cyanea chlamyde egregie picta conspicitur. »

Galéas II. Gravure. — Copie au Musée des Offices, n° 485 (en sens inverse).

« Effigies ejus pluribus in locis in arce elegantissime depicta : hoc vero habitu conspicitur in inferiore porticu quæ ad lævam intrantibus occurrit. »

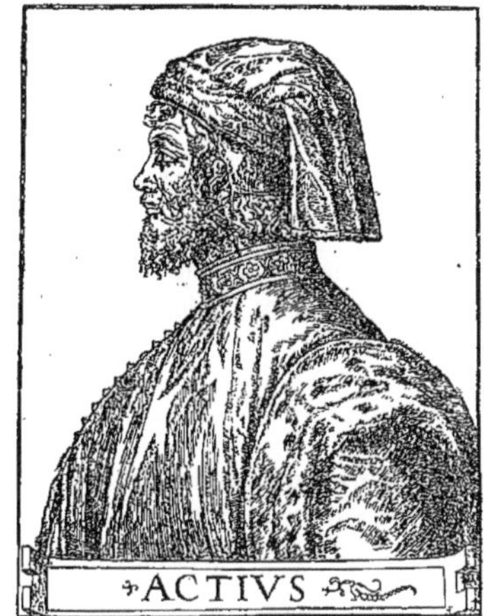

Azzo Visconti. (Gravure de l'édition parisienne de 1552.)

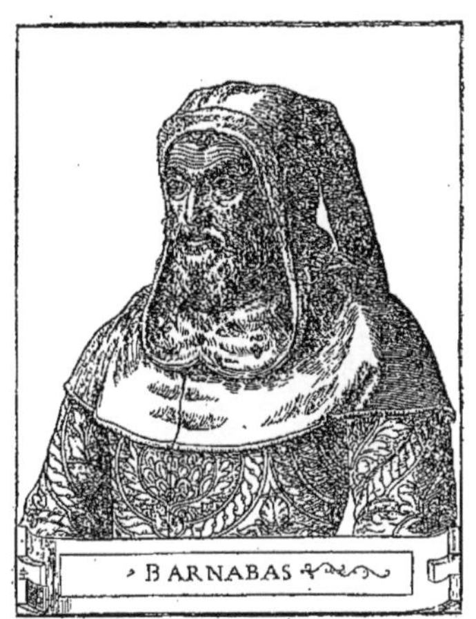

Barnabé Visconti. (Gravure de l'édition parisienne de 1552.)

BARNABÉ. Gravure. — Copie au Musée des Offices, n° 491.

« Effigies Barnabæ in Concano templo picta spectatur, quum adhuc extet marmorea statua equestris, qua sepulchro ejus superposita Joannes Galeacius, ut tanti
admissi facinoris atrocitatem leniret, eundem et patruum et socerum honestavit. »

Jean GALÉAS. Gravure. — Copie au Musée des Offices, n° 498
(tourné à gauche).

« Effigies ejus Carthusiano in templo prope urbem Ticinum marmore sculpta,
multis in locis, præcellenti autem habitu depicta ad cœnobium Castellatii juxta
Mediolanum spectatur. »

Jean MARIE. Gravure.

« Effigies Johannis uno in loco quod viderim, viperiis oculis venenum spirans,
patre vivo picta, in altaris tabula, quæ est contra aram Templi maximi, ad extre-
mum testudinis posita, Mediolani spectatur. » (*Elogia.*)

PHILIPPE. Gravure. — Copie au Musée des Offices, n° 500.

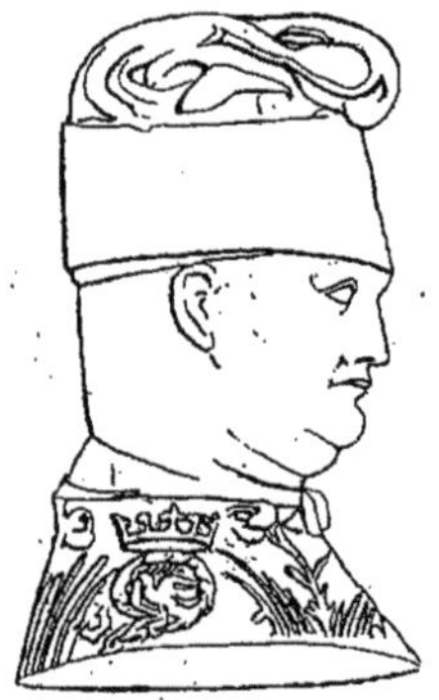

Philippe Visconti. (D'après la médaille de Pisanello.)

« Philippi effigies Mediolani multis in locis picta, sed longe elegantissime in
domo Francisci Tabernii, epistolarum magistri, in frontispicio inferioris magni
conclavis ex arte plastica efficta spectatur. » — Ces différentes reproductions
me semblent toutes se rattacher à la belle médaille de Pisanello (gravée ci-dessus).

Sforza (Attendolo). Gravure. — Copie au Musée des Offices, n° 497. Copie, en sens inverse, au Musée de Vienne. Kenner : *Jahrbuch*, 1897, p. 253.

Pour Sforza l'Ancien, comme pour Braccio di Montone, Jove se borne à déclarer qu'il existe beaucoup de portraits de ces deux généraux : « variæ omnis ætatis eorum imagines multis in locis spectantur ».

Sforza (François). Gravure (sans aucune ressemblance). — Copie au Musée des Offices, n° 505.

Les portraits sculptés ou peints du fondateur de la dynastie des Sforza sont innombrables. Un des plus caractéristiques, pour la première période de la vie de Sforza, est celui qui figure dans la *Crucifixion* de Rogier van der Weyden, au Musée de Bruxelles. Voir la *Revue de l'Art chrétien*, mai 1895.

Sforza (Galéas). Gravure. — Copie au Musée des Offices, n° 509.

Sforza (Ludovic le More). Gravure. — Copie au Musée des Offices, n° 509.

A rapprocher du tableau du Musée des Offices attribué à Pollajuolo. Notons que la gravure des *Elogia* ressemble plus à Galéas qu'à son frère Ludovic.

Sforza (Le cardinal Ascagne). Gravure. — Copie au Musée des Offices, n° 392.

Le portrait me paraît une adaptation de la médaille fort connue, bien que Jove mentionne le mausolée d'Ascanio dans l'église Sainte-Marie-du-Peuple à Rome : « Eum..... Julius (II) marmoreo sepulchro honestavit, quod ad Flumentanam portam in templo Deiparæ Virginis conspicitur. »

Sforza (Maximilien). Gravure.

Sforza (François). Gravure.

Chrétienne de Danemark, femme de François II. — Ce portrait figure parmi ceux que l'Altissimo copia en 1556. Il était peut-être entré dans la collection de Paul Jove, postérieurement à la rédaction des *Elogia,* car ceux-ci ne lui consacrent pas de paragraphe spécial.

COSME L'ANCIEN. Gravure. — (Copie presque textuelle de la médaille.) — Copie au Musée des Offices. — Copie analogue, sinon
tout à fait semblable, au Musée de Vienne. Kenner: 1897, p. 145-
156.

JULIEN L'ANCIEN. Gravure.

Le portrait de Julien de Médicis est identique, soit à l'exemplaire du Musée de
Berlin, attribué à Botticelli (acquis en 1878 du prince Strozzi), soit à celui du
Musée de Bergame (ancienne collection Morelli) [1]. La seule différence consiste en
ce que, sur la gravure de 1577, Julien est représenté la poitrine transpercée d'un
glaive, par allusion à la conjuration des Pazzi, qui coûta la vie à ce prince. Jove a
d'ailleurs soin de déclarer qu'il s'agit d'un original de la main d'un maître: « Vera
imago Juliani Medicis. . . . . a celebri pictore ita scite expressa. . . »

LAURENT LE MAGNIFIQUE. Gravure.

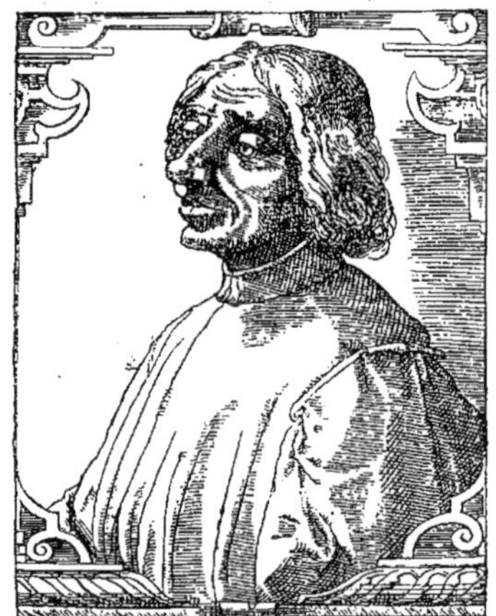

Laurent le Magnifique. (Gravure de l'édition bâloise de 1577.)

[1] Ulmann considère le portrait de la collection Morelli comme supérieur à celui du Musée
de Berlin; mais tous deux, d'après lui, ont droit au titre d'originaux (*Sandro Botticelli*,
p. 49-50).

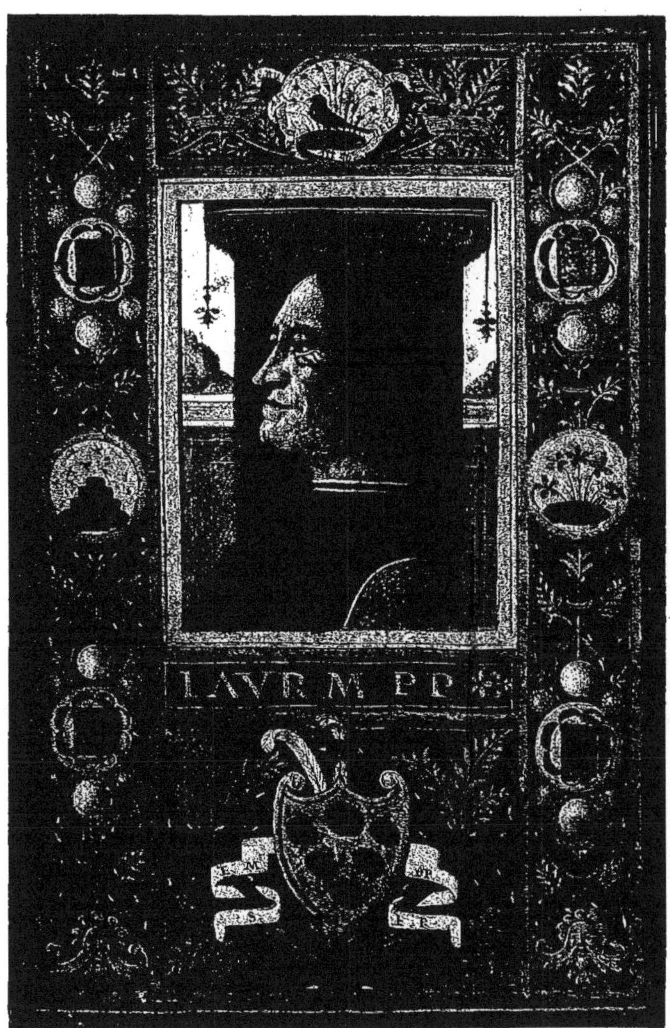

Laurent le Magnifique. (D'après une miniature appartenant à M. Prosper Valton.)
Cliché prêté par MM. Hachette et Cie.

Le portrait du frère de Julien, Laurent le Magnifique, me paraît identique à la miniature qui, de la collection Armand, a passé entre les mains de M. Valton.

Quant au prétendu portrait de «Lorenzo il Popolano» (né vers 1460, mort en 1503), conservé à Vienne (Kenner : 1897, p. 155-156), il me semble qu'il représente en réalité Laurent le Magnifique. Je soumets cette identification à mon savant confrère viennois.

PIERRE LE JEUNE. Gravure.

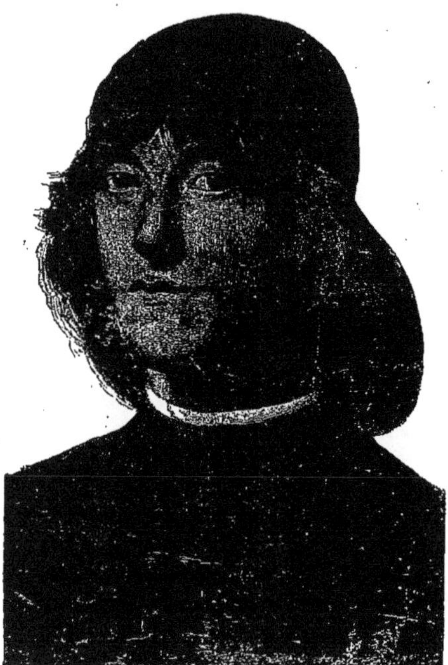

. Pierre de Médicis le Jeune.
(Miniature de la Bibliothèque nationale de Naples.)
Cliché prêté par MM. Hachette et Cⁱᵉ.

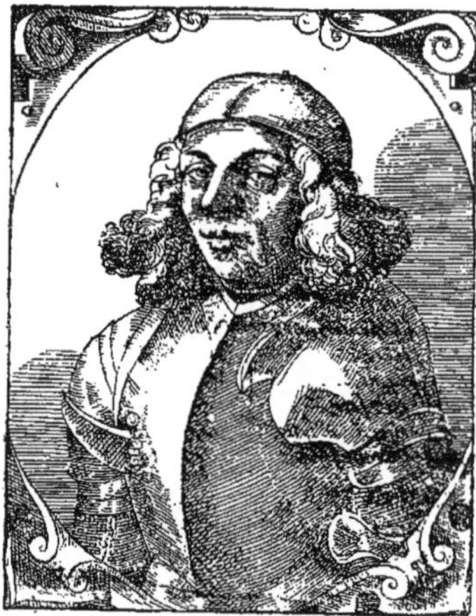

Pierre de Médicis le Jeune.
(Gravure de l'édition bâloise de 1577.)

Le portrait du Musée des Offices (nᵒ 545) est différent. — Le portrait de la collection Jove rappelle la miniature de la Bibliothèque nationale de Naples (gravée ci-contre d'après l'*Histoire de l'Art pendant la Renaissance*, t. I, p. 317), mais le costume offre des variantes : dans le portrait de Côme, Pierre est revêtu d'une cuirasse; dans celui de Naples, il porte un costume de jeune homme; seule la coiffure — une calotte — est identique. Ce portrait est également à rapprocher de celui du prétendu médailleur florentin, exposé à la Galerie des Offices (n° 1154). J'ai en effet montré que, selon toute vraisemblance, le personnage qui tient à la main la médaille de Cosme de Médicis n'est autre que Pierre de Médicis, le petit-fils de Cosme (la Chronique des Arts, 29 décembre 1888).

JEAN DES BANDES NOIRES. Gravure.

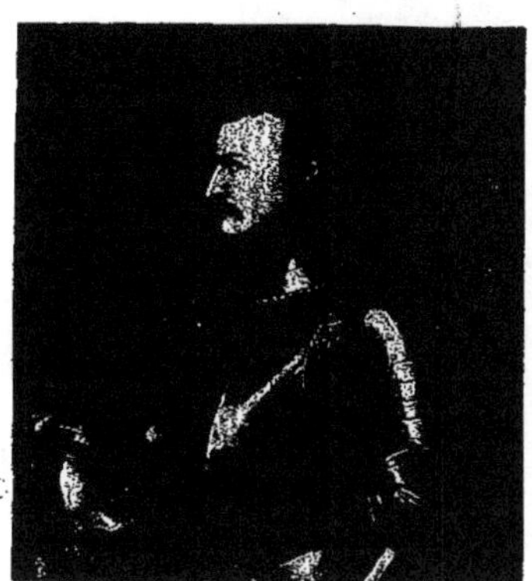

Jean des Bandes noires.
Tableau du Titien (Musée des Offices).
Photographie de MM. Alinari.

Ce portrait offre de grandes analogies avec celui qui se trouve au Musée des Offices et qui est attribué au Titien. Quelques détails de costume et d'armement diffèrent cependant. — Quant à l'exemplaire de Vienne, il n'a rien de commun avec celui de Paul Jove (Kenner : 1897, p. 159). — Sur les portraits de Jean des Bandes noires, voir l'article de M. Pierre Gauthiez, dans la Revue de l'Art ancien et moderne; 1897, t. II, p. 121.

Le cardinal HIPPOLYTE. Gravure.

« Hoc hungarico militari cultu Hippolytus Medicis cardinalis, quum e Pannonia, ubi Legatus apud Cæsarem fuerat, abeunte Solymano redisset, a Titiano pictore eximio Venetiis se pingi jussit. » — L'original de la collection Jove me semble iden-

11

tique au portrait peint par le Titien, aujourd'hui conservé au palais Pitti.
M. Schmarsow s'est demandé si l'Hippolyte de Médicis du Musée de Jove n'est

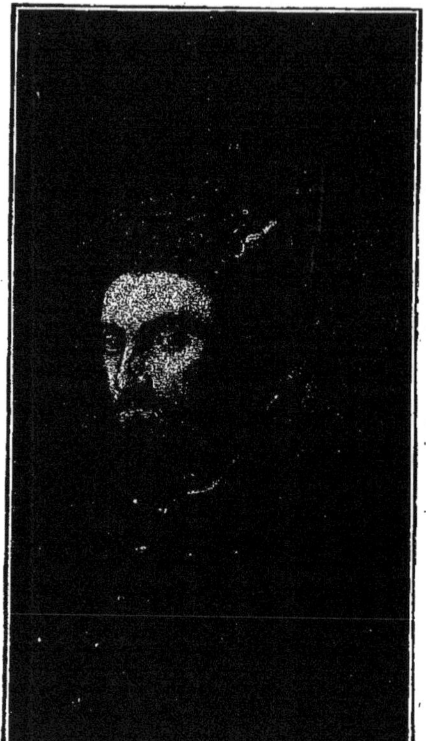

Le cardinal Hippolyte de Médicis.
Peinture du Titien (Palais Pitti).
Cliché prêté par MM. Hachette et Cⁱᵉ.

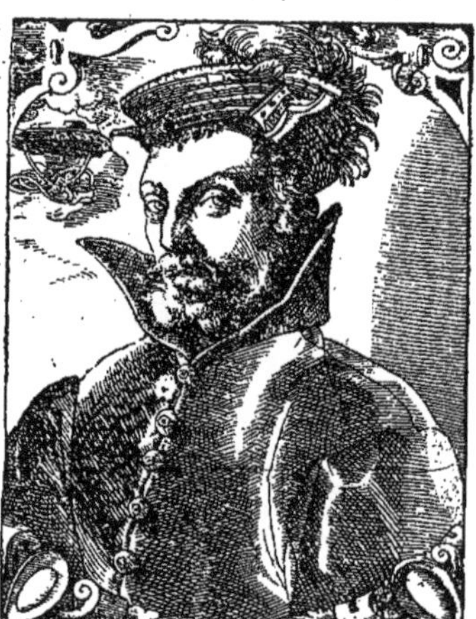

Le cardinal Hippolyte de Médicis.
(Gravure de l'édition bâloise de 1577.)

pas identique au prétendu César Borgia autrefois conservé à la galerie Borghèse,
aujourd'hui dans la collection du baron Alphonse de Rothschild (*Melozzo da Forli*,
p. 241). Mais la comparaison avec le portrait d'Hippolyte conservé au palais Pitti ne

laisse place à aucun doute. — Sur les portraits du cardinal Hippolyte, voir l'étude de M. Justi dans la *Zeitschrift für bildende Kunst*, novembre 1896, t. III, p. 34 et suiv.

Le duc ALEXANDRE. Gravure. — L'exemplaire de Vienne est différent. Kenner : *Jahrbuch*, 1897, p. 153-154.

COSME Ier. Gravure. — L'original de la collection Jove a passé dans la collection du prince Napoléon Bonaparte.

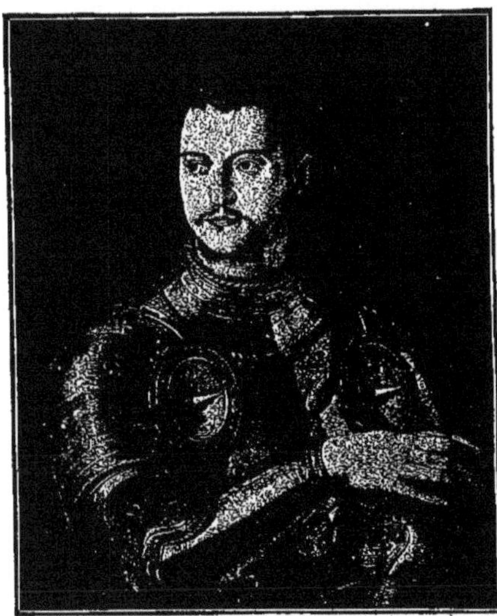

Cosme Ier de Médicis.
Tableau du Bronzino (Musée des Offices).
Cliché prêté par MM. Hachette et Cie.

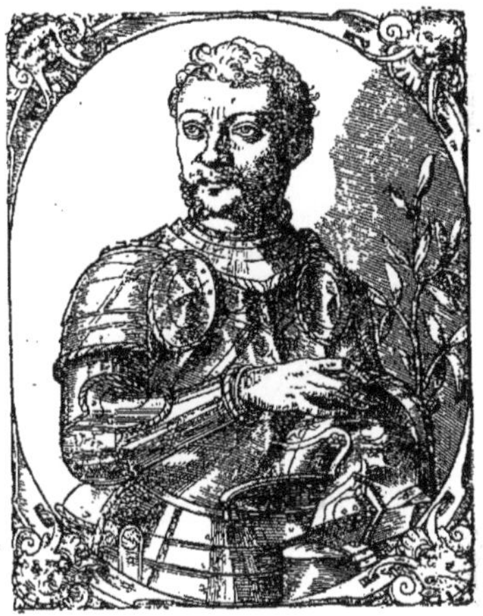

Cosme Ier de Médicis.
(Gravure de l'édition bâloise de 1577.)

La gravure de l'édition de Bâle est la reproduction presque textuelle du portrait peint par Bronzino et conservé au Musée des Offices.

11.

V

ALLEMAGNE. — HONGRIE. — POLOGNE. — SCANDINAVIE.

A. — *Empereurs d'Allemagne.*

MAXIMILIEN. Gravure. — Copie au Musée des Offices, n° 591.

CHARLES-QUINT. Gravure. — Le portrait du Musée des Offices, n° 590, diffère.

FERDINAND, roi des Romains. Gravure.

Dès 1568, Cosme Ier de Médicis possédait un portrait de ce souverain, probablement copié sur celui de la collection Jove.

B. — *Personnages divers.*

BASILE, prince de Moscovie. Gravure.

CHRÉTIEN, roi de Danemark. Gravure. — Copie au Musée des Offices, n° 685 (en sens inverse).

Le catalogue de la collection de Cosme Ier de Médicis mentionne, en 1568, un portrait du même prince, probablement copié par l'Altissimo sur le tableau du « Musæum Jovianum ».

CORVIN (Mathias). Gravure. — Copie au Musée des Offices, n° 675 (ancien n° 77).

Un portrait de ce souverain, probablement copié sur celui de la collection Jove, faisait partie, dès 1568, de la collection de Cosme Ier de Médicis. — Jove fait honneur de ce portrait à Andrea Mantegna. « Effigies ejus armata equestris, luculentissime depicta Romæ in campo Floræ, contra podium cubiculi mei in angulo Laurentianæ domus spectatur, ad quam arridet altera persimilis Andreæ Mantiniæ manu picta, quæ in Museo nostro conspicitur. » Mais, comme Mantegna n'avait jamais eu l'occasion de voir Mathias Corvin, il est permis d'admettre (à supposer que le tableau fût de lui) qu'il avait mis à contribution une médaille. — Quant au portrait peint à Rome sur une façade, il nous est connu par un dessin que j'ai publié dans les *Mélanges de l'École de Rome* et dans la *Gazette des Beaux-arts* (novembre 1894, p. 361). — Dans une monographie faite avec soin et accompagnée de nombreux fac-similés, M. Cstontosi a publié une trentaine de portraits de Mathias et de Béatrix d'après les miniatures des manuscrits exécutés pour le couple royal. Malheureusement, ses reproductions laissent infiniment à désirer; d'autre part, plusieurs des portraits qu'il a livrés à la publicité n'offrent aucun intérêt iconographique. (*Bildnisse des Königs Mathias Corvinus und der Königin Beatrix in den Corvina Codexen;* Budapesth, 1890.)

Lᴀɴɢ (Le cardinal Mathieu). Gravure.

Lᴏᴜɪs, roi de Hongrie et de Bohême (1506-1526). Gravure.

« Hoc obesi oris gestu et germanico potius quam hungarico cultu conspicuus erat Ludovicus..... » — Un portrait de ce prince, probablement copié sur celui de Jove, faisait partie, dès 1568, de la collection du duc Cosme Iᵉʳ de Médicis. — Copie au Musée des Offices, n° 78 (?). — Réplique au Musée de Vienne. Kenner : *Jahrbuch,* 1893, p. 147.

Oʀᴀɴɢᴇ (Philibert ᴅ'). Le cartouche est resté vide.

« Hoc lacteo colore et subtonsa flavente coma, cæruleisque oculis ciere prælia solitus erat Philibertus Aurantius. »

Sᴄᴀɴᴅᴇʀʙᴇɢ (Georges). Gravure. — Copie au Musée des Offices, n° 429. — Copie au Musée de Vienne. Kenner : 1898, p. 111.

Sɪɢɪsᴍᴏɴᴅ, roi de Pologne. Gravure. — Copie au Musée des Offices, n° 670.

Tᴀʀɴᴏᴡsᴋɪ (Jean). Le cartouche est resté vide.

« Magnanime Tarnovi, qui hac in tabula triumphali lauro, et victricibus armis conspicuus spectaris, et martio vultu illustre Sarmaticæ virtutis decus effers. » (*Elogia.*)

VI

ANGLETERRE.

HENRI VIII. Gravure (de fantaisie). — Copie au Musée des Offices,
n° 51.

Cosme Ier de Médicis possédait, en 1568, un portrait de Henri VIII, probablement copié sur celui de la collection Jove.

JACQUES V, roi d'Écosse. Gravure.

Cosme Ier de Médicis possédait, en 1568, un portrait de ce prince, probable
ment copié par l'Altissimo sur le portrait de la collection Jove.

HOWARD (Thomas), duc de Norfolk. Gravure.

Le catalogue de la collection de Cosme Ier mentionne, en 1568, un portrait du
même personnage, probablement copié sur celui de la collection Jove.

VII

ESPAGNE.

ACUNHO (Tristan D'), ambassadeur du roi de Portugal auprès de
Léon X. Gravure. — Copie au Musée des Offices, n° 486.

« Hac honesta canitie viridis adhuc senectæ, cultuque nobilibus margaritis picto,
ac internitente passim insignium gemmarum fulgore, supra quam dici posset orna-
tissimo, Tristanum Acunium, Emanuelis Lusitaniæ regis legatum, vidimus, quum
Flumentana porta præeunte elephanto in Urbem inveheretur. » (*Elogia*.) — Derrière
Acunho se voit le profil de l'éléphant.

ALBE (Le duc D'). Gravure. — Copie au Musée des Offices, n° 462.
— L'exemplaire du Musée de Vienne diffère de celui de la collection Jove. Kenner : 1898, p. 15-17.

AVALOS (Fernand D'), marquis de Pescaire. Gravure.

Un portrait de ce capitaine, probablement copié sur celui de la collection Jove,

figurait en 1568 dans le cabinet de Cosme Ier de Médicis. — Copie au Musée de
Vienne. Kenner : 1897, p. 223. — Le peintre employé par Jove semble avoir pris
pour base une médaille (Armand, *Les Médailleurs italiens des xve et xvie siècles*, t. II,
p. 107).

AVALOS (Alphonse D'). Gravure. — Copie au Musée des Offices,
n° 538. — Répétition au Musée de Vienne. Kenner : *Jahrbuch*,
p. 224 (avec des variantes).

CORDOUE (Gonzalve DE). Gravure. (Ressemblance très douteuse.)

Le portrait du Musée des Offices, n° 479, est différent; le personnage y est de
profil. Ce portrait faisait partie, dès 1568, de la collection de Cosme Ier. — Le portrait du Musée de Vienne diffère également de celui de Jove. Kenner : *Jahrbuch*,
1898, p. 19-20. — L'iconographie de Gonzalve est fixée par une médaille qui n'a
rien de commun avec le portrait de Jove.

CORTEZ (Fernand). Gravure. — Copie au Musée des Offices, n° 466.
— Copie au Musée de Vienne. Kenner : 1898, p. 17-19.

« Inter Hispanici nominis insignes viros, qui enavigato, Oceano adinventisque
novis terris et populis, illustrem famam sunt consecuti, omnium (uti reor) claris-
simus enituit hic qui aurato cinctus gladio, ornatus aurea torque, et pretiosa indutus
pelle conspicitur Ferdinandus Cortesius. » (*Elogia.*)

LEYVA (Antonio DA). Gravure. — Copie au Musée des Offices, n° 467.
— Copie au Musée de Vienne. Kenner : 1898, p. 23.

MONCADA (Hugo). Le cartouche est resté vide.

NAVARRA (Piedro). Gravure. — Copie au Musée des Offices, n° 475.
— Copie au Musée de Vienne. Kenner : 1898, p. 25-26.

« Sub hoc agresti cultus atque oris habitu fuit. . . »

VIII

FRANCE.

—

A. — *Rois.*

Charles VIII. Gravure. — Copie au Musée des Offices, n° 431.

Le personnage ressemble beaucoup à la médaille de Niccolò Fiorentino, qui pourrait bien avoir servi de prototype à la peinture. Cf. Armand, *Les Médailleurs italiens des xvᵉ et xviᵉ siècles*, t. I, p. 9, 109; t. II, p. 84; t. III, p. 13, 22, 23, 33; et Delaborde, *L'expédition de Charles VIII en Italie.*

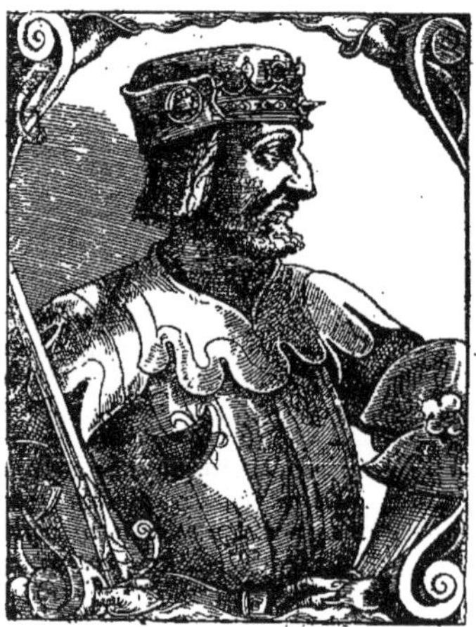

Charles VIII.
(Gravure de l'édition bâloise de 1577.)

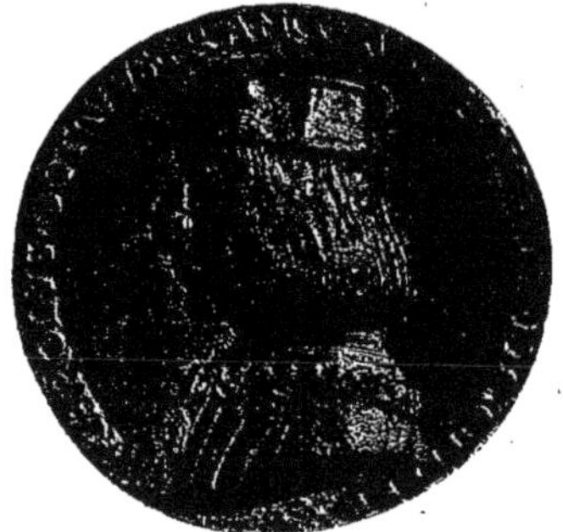

Charles VIII.
(D'après la médaille de Nic. Fiorentino.)

Louis XII. Gravure. — Le portrait du Musée des Offices, n° 432, représente Louis XII de profil, non de face. — Réplique, avec des variantes du portrait des Offices, au Musée de Vienne. Kenner : 1898, p. 40-41.

François Ier. Gravure. — Copie au Musée des Offices, n° 430.

Henri II. Gravure. — Copie au Musée des Offices, n° 223.

B. — *Personnages divers.*

Bourbon (Le connétable de). Gravure. Type rabelaisien. — Copie au Musée des Offices, n° 443. — Réplique, avec des variantes, au Musée de Vienne. Kenner : *Jahrbuch*, 1898, p. 63-64.

Bourbon (François de), comte d'Enghien (1519-1546). Le cartouche est resté vide. — Une copie se trouve au Musée de Vienne. Kenner : 1898, p. 73.

Charles le Téméraire, duc de Bourgogne. Gravure. (Procède d'une médaille.) — Copie au Musée des Offices, n° 461 (ancien n° 125), avec des variantes.

M. Schmarsow n'est pas éloigné de croire que Jove a pris le portrait de Charles VII de France (provenant des Stances du Vatican) pour le portrait de Charles le Téméraire [1]. En réalité, ce portrait ne ressemble ni à Charles VII, ni à Charles le Téméraire. Il offre plutôt de l'analogie avec Mathias Corvin. On ne se figure ni le roi de France, ni le duc de Bourgogne couronnés de lauriers en plein xve siècle!

Foix (Gaston de). Gravure. — Copie au Musée des Offices, n° 434. — Copie, en sens inverse, au Musée de Vienne. Kenner : 1898, p. 74-75.

Paul Jove a fait reproduire, par le peintre attaché à son service, la belle statue funéraire de Gaston de Foix, conservée de nos jours au Musée archéologique de Milan. — Vasari s'est inspiré du portrait de la collection Jove dans sa fresque de la *Bataille de Ravenne*, au Palais vieux de Florence.

Lautrech (Le maréchal de). Le cartouche est resté vide.

---

[1] *Melozzo da Forli*, p. 241.

Orléans (Charles d'), fils de François Ier. Gravure.

Un portrait de ce prince, probablement copié par l'Altissimo sur celui de la collection Jove, faisait partie, en 1568, de la collection de Cosme Ier de Médicis.

IV

LES ARTISTES.

Cette série ne fut qu'ébauchée par Jove. Nous savons, en effet, par la lettre de son arrière-neveu, le comte Giovio (voir l'Appendice), qu'elle comprenait, entre autres, les portraits de Michel-Ange, de Léonard de Vinci, d'Andrea del Sarto, de Valerio Vicentino, du musicien Battista Siciliano. A en juger par les trois notices biographiques communiquées par le comte Giovio à Tiraboschi et publiées par celui-ci dans sa *Storia della Letteratura italiana,* le texte destiné à accompagner ces effigies l'emportait encore en intérêt sur celui des Littérateurs et Savants, ou sur celui des Capitaines et Hommes d'État[1].

Les portraits de Michel-Ange et d'André del Sarte ont disparu sans laisser de traces.

J'ignore également ce qu'est devenu le portrait de Valerio Vicentino, le célèbre graveur sur pierres dures. Tout ce que je puis affirmer, c'est qu'un dessin à la sanguine, du Musée de Weimar (Braun, n° 110), attribué à Michel-Ange, représente Valerio. L'on n'a, pour s'en convaincre, qu'à comparer ce dessin à la gravure publiée dans le recueil de Vasari[2].

Quant au portrait de Léonard de Vinci, l'histoire en est des plus édifiantes[3]. A défaut de l'original même du « Musæum Jovianum »,

___

[1] Sur la date à laquelle ont été composées les biographies de Léonard, de Raphaël et de Michel-Ange, voir Frey, *Il Codice Magliabechiano XVII, 17,* p. LXXI-LXXIX.

[2] *Histoire de l'Art pendant la Renaissance,* t. III, p. 711. Ce rapprochement m'a été signalé par M. Valton.

[3] Voir ci-dessus, p. 268-269.

nous connaissons cette effigie à travers la copie qui se trouve, de nos jours encore, au Musée des Offices. L'on y voit Léonard de profil, tourné à gauche, exactement comme dans le fameux dessin de la Bibliothèque royale de Windsor. Nul doute que Jove n'ait fait reproduire le dessin en question par le peintre attaché à son musée.

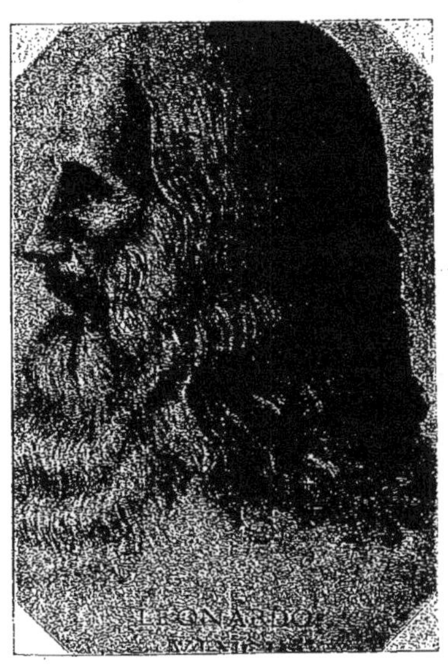

Léonard de Vinci.
Dessin original du maître
(Bibliothèque de Windsor).

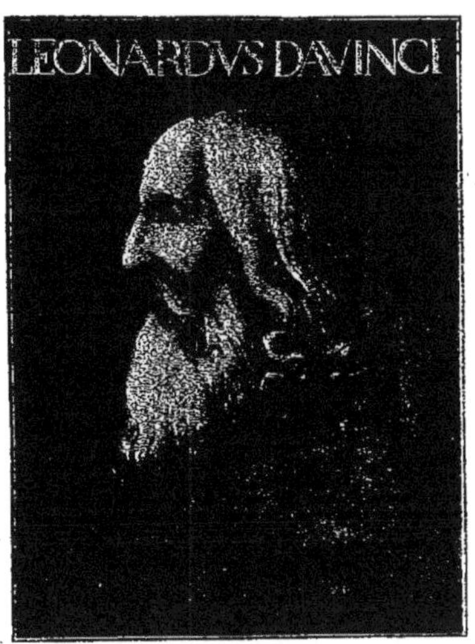

Léonard de Vinci.
Copie peinte du portrait de la collection Jove
(Musée des Offices).

Qui sait même si ce dessin ne lui a pas appartenu avant d'entrer dans la collection de Pompeo Leoni, avec laquelle il a fini par échouer en Angleterre? Comme à l'ordinaire, l'auteur des copies du Musée des Offices a alourdi et estompé l'original qu'il était chargé de reproduire.

Vasari, à son tour, qui, comme on le sait, entretenait des relations

12.

assidues avec Jove, a mis à contribution ce portrait de Léonard de Vinci; il l'a copié dans sa fresque du Palais vieux de Florence, représentant la cour de Léon X; peut-être aussi dans la gravure qui accompagne son recueil[1].

J'ajouterai que la copie du Musée des Offices a été reproduite à son tour dans une peinture des Musées impériaux de Vienne[2].

[1] Voir mon *Léonard de Vinci* (p. 489-490), où l'on trouvera la liste des différentes peintures, gravures ou médailles dérivant de l'effigie conservée au « Musæum Jovianum ».

[2] Kenner : *Jahrbuch*, 1897, p. 231. M. Kenner s'est bien aperçu que ce portrait procédait indirectement du dessin de la Bibliothèque de Windsor, mais non qu'il procédait en droite ligne de la copie conservée au Musée des Offices.

APPENDICE.

LETTRE DU COMTE GIOVIO À TIRABOSCHI[1]. ·

« Di questo pittore (Leonardo da Vinci) io posseggo il rittrato con quel suo volto
barbato, ed è uno di quei del Museo Giovio . . . . .

Or vengo al Museo. Se ne conservan tuttora le immagini pregiate, ma le pitture
sul muro, le medaglie, le statue, gli addobbi, le cose indiane ed americane peri-
nono miseramente, e il Boldoni nel suo Lario piange sull' aurora del xvii secolo
quelle rovine, ed arriva a chiamar barbara pietà la sostituzione di nuove pareti alle
vecchie cadenti. Il nipote di Tolomeo cardinal Gallio, che molto deve alla fami-
glia Giovio per suoi principii avea preso il sito della stessa, ed io non so perdonar
ai vecchi miei tanta infingardaggine, ed anche in questo vedo l'instabilità delle
umane cose; il buon Paolo avea col testamento obbligato a fedecommesso quel
sagro ritiro, ed avvi fino l'espressione che niuno osi togliere un chiodo dal luogo
sagro.

I quadri sono ora divisi fralle due discendenze, la maggior parte de' miei sono
de' letterati, gli altri conti Giovio ànno i guerrieri, così però che taluni ànno de'
dotti, come io de' Capitani e Principi. Il credito di quella raccolta a que' giorni
fu grande e con ragione. Il Giovio comprava rittratti per ogni dove gli capitavano
belli, o dove trovasse un perito artista per eseguirli, inoltre ne chiedeva con qualche
ardire perdonabile ad un raccoglitore, e parecchi assai venivangli in dono. Quando
Raffaele dovette per ordine di Giulio II ad insinuazione di Bramante da Urbino
dipingere nel Vaticano quel p.odigioso carcere di S. Pietro liberato dall' Angelo, e
il miracolo dell' Ostia spargente sangue in mano del prete incredulo e sbigottito,
dovette altresì cancellare sulle muraglie le pitture di Pietro dalla Gatta, di Luca da
Cortona, di Pietro dalla Francesca, e di Bartolomeo Bramantino da Milano. Raffaele però volle salvar dalle rovine molte fisonomie di Principi e celebri uomini
Italiani eseguiti da que' buoni maestri chiamati in Roma a concorrenza da Nicolò V,

---

[1] Campori, *Lettere artistiche inedite;* Modène, 1866, p. 236-238.

e per comando dell' Urbinate da suoi migliori discepoli furon copiati in tele quei
volti, e dalle mani del famoso Giulio Romano passarano a quelle del mio antenato,
e così in parte scemasi il dispiacere che siano perite molte opere di Bramantino
detto dal Vasari eccellente a suoi tempi e di Pietro dalla Francesca di cui tuttora a
pruova del suo valore nella libreria vecchia, or guardaroba del Palazzo Pontificio,
avvi Sisto IV attorniato da molti suoi cortigiani, opera degna dei pennelli celebri
del secolo xvi [1].

Il cardinale Ercole di Mantova mandò al Giovio il carmelitano Battista Mantovano, e il Peretto ossia Pomponazio, e il marchese suo padre. Il governator di Milano,
Ferrante Gonzaga, che com piacquesi talora di portarsi al Museo e di alloggiare in
nostra casa, gli inviò il suo, fatto da un certo Domenico, che non so chi fosse [2]. L'Are-
tino gli spedì il proprio di man del Tiziano, ed ottenue Paolo fin in volto di Maometto
opera di Gentile Bellin Veneto chiamato alla Corte di quel Sovrano. Dal Vasari ebbe
la tavola dei Poeti antichi e per privati documenti veggo che il Giovio avea in casa a
suoi cenni del 1550 il pittore del duca Cosimo de' Medici, e nel 1553 l'anno dopo la sua
morte il duca di Firenze spedì a Como un certo Cristoforo [3] per delinearne alcuni,
come pure Ippolita principessa Gonzaga vi mandò nello stesso tempo il famoso
Bernardino Campi cremonese per lo stesso intento. Del 1579 Ferdinando
d'Austria, figlio di Ferdinando imperatore, pregò l'atavo mio che permettesse
ad un pittor suo di poter ricavare de' nostri quadri, e il pittore dimorò da noi
fino al 1580 come scorgo da lettere cortesi di quel l'Arciduca; insomma la fama
del Museo durò molt' anni, ed ò lettera di Federigo cardinal Borromeo, in cui
chiede facoltà all' atavo mio Francesco Giovio di spedirgli un artista per potere
arricchire con copie la sua galleria [4].

M'avveggo che questà e una lungaggine da erudito e fomentata dall' amor proprio, ma creda Sig. cavaliere abate Tiraboschi mio, che non è cosa da privato il
Museo Giovio, e che Monsignor Paolo con grave dispendio, molte amicizie, moltis-
simi regali, e non poco ardire seppe formarselo : era egli un uomo a cui fin dall'
America venivano doni, e nel di lui testamento ricchissimo fralle altre ricchezze vi
nomina uno smeraldo in forma di un cuore regalatogli dal famoso Cortez conquis-
tatore del Messico.

Per rispondere all' ultima gentil richiesta sua, le dico che ritratti di Modenesi non
altri vi sono che quello bellissimo del Molza con quel suo viso afflitto dagli amori,

[1] Il s'agit de la fresque de Melozzo da Forli.
[2] Domenico Giunti de Prato.
[3] Cristoforo surnommé l'Altissimo.
[4] Une partie des portraits de la collection d'Ambras, aujourd'hui au Musée de Vienne, aurait donc été copiée directement sur les originaux conservés à Côme. (Cf. ci-dessus, p. 269-270.)

di Alfonso d'Este duca di Ferrara, speditogli dal cardinale Ippolito, di cui ho molte
lettere miste a tantissime altre importanti, e se possono passar per Modenesi dirò
che vi è Francesco Pico della Mirandola con quella sua lunga capelliera e giovanil
volto, e il ferrarese medico Giovan Manardo. L'Ariosto e il principe Alberto di Carpi
si perdettero, vi sono però alcuni quadri d'uomini non nominati negli elogi, come
il Buonarota, il Vinci, il suonator celebre Battista Siciliano, Andrea del Sarto, Valerio scultor di gemme, ed altri. Ella avrà certamente l'edizione degli Elogi fatta in
Basilea, ivi vi sono i rami, e gli incisori vennero quì espressamente.

Sono frattanto dimandandole scusa di sì lunga lettera scritta con una mano im-
paziente e me le dico di tutto cuore ecc.

Como, 8 settembre 1780. »